드림

4차산업혁명
인공지능
빅데이터

4차산업혁명

인공지능
빅데이터

세계 최고의 인재를 키우는
기업 경영 & 관리 시스템

Industry 4.0

Artificial Intelligence

Big Data

후쿠하라 마사히로 외 지음
이현욱 옮김

경향**BP**

인사평가제도가
크게 변화하고 있다

이 책은 인사 업무를 담당하는 사람들, 나아가 모든 비즈니스 분야에서 활동하는 사람들에게 바치는 제안서다.

최근 미국을 비롯한 해외에서는 인사평가제도가 크게 변화하고 있다. 그 배경에 인공지능(AI)과 빅데이터 분석의 진화가 있다. 인공지능과 빅데이터를 활용하여 기업의 인사평가가 더 객관적이고 정확하게 이루어지고 있다는 뜻이다. 과연 우리의 인사평가제도는 이러한 세계적인 흐름을 따라잡고 있는가?

한때 일본의 많은 기업에서 인사부가 굉장한 권력을 가졌던 시기가 있었다. 일본의 노동 관행이라 일컬어지는 연공서열, 종신고용, 기업 내 노동조합이라는 '세 가지 귀중한 보물'을 확립했던 고도성장기가 바로 그런 시기였다. 이 시스템을 경영 책임자, 노동조합과 하나가 되어 구축한 것이 인사부였다.

이 시기의 가장 중요한 과제는 점점 더 수요가 늘어나는 노동력을 확보하여 안정된 품질을 유지하면서 저비용으로 생산을 하는 것이었다. 근면하고 균질한 노동력, 유연한 생산 대응이 가능한 노동력이 필요했다. 일체감과 팀워크를 바탕으로 한 자율적인 조직력으로 현장에 동기를 부여하고 통솔하는 조직으로서의 인사제도와 평가제도, 그리고 자금제도가 구축되었다.

그런데 거품경제가 붕괴하면서 시작된 '잃어버린 20년' 동안 상황이 급변했다. 무엇보다 비생산 부문인 인사에 고비용을 들일 여력이 없어졌다. 마침 인터넷 보급이 시작되던 시기여서 적은 인원이 채용 사이트를 이용하여 효율적인 채용을 하는 것이 일반화되었다.

그러나 인사 담당자가 입사 지원서와 자기소개서 등에 쓰인 내용만으로 취업을 준비하는 학생들을 다 알기란 불가능하다. 또한 자기소개서는 '이렇게 쓰면 채용 담당자에게 잘 보일 수 있겠지.'라는 생각으로 쓰는 학생이 많기 때문에 어느 정도 정해진 형식도 생겼다. 이런 문서를 보고 채용 담당자가 자신의 감각과 주관으로 평가하는 것이다. 그 결과, 사원과 일의 미스매치가 일어나 현장에서 할 일이 없는 사원, 모처럼 채용했는데도 금방 퇴사하는 사원이 생긴다.

인사부는 채용의 '사무국'이 되어가고 기업의 일관적인 인재 전략은 보이지 않는다. 일부 기업에서는 우수한 사원일수록 빨리 퇴사하는 등 기업이 유망한 글로벌 인재로부터 멀어지는 심각한 사태도 벌어지고 있다. 이래서는 글로벌 경쟁에서 살아남을 수 없다. 빠른 시일 내에 선발·평가 제도를 개선해야 한다.

일본의 선발·평가 제도는 인공지능과 빅데이터라는 도구로 되살릴 수 있다. 글로벌 경쟁에서 뒤처지지 않기 위해서라도 지금 당장 개혁이 필요하다. 그래서 인공지능과 빅데이터를 활용한 글로벌 인재의 평가·육성 사업을 위해 'GROW'를 설립했다. 그리고 나와 같은 위기의식을 공유한 CCW 대표 및 전략 PR회사 플레시먼힐러드의 일본 파트너이자 다마대학 대학원 연구과장 도쿠오카 고이치로와 함께 서로가 느낀 문제의식을 바탕으로 일본 비즈니스 사회에 대한 의견을 정리했다. 그것이 바로 이 책이다.

인공지능과 빅데이터를 활용하여 인재를 선발하고 평가한다고 하면 컴퓨터로 관리되는 사회를 떠올리고 거부감을 느끼는 사람도 적지 않을 것이다. 물론 우리도 그런 미래를 바라지 않는다.

실제로 인간의 능력이 언제 발휘될지는 아무도 모른다. 성적도 좋지 않고 평가도 낮았던 사람이 갑자기 눈부신 실적을 올리는 경우를 어렵지 않게 찾아볼 수 있다. 데이터를 근거로 한다고 해서 완벽한 인재 선발과 평가가 이루어지는 것도 아니다.

우리가 제공하고 싶은 것은 인재 선발과 평가의 지침이다. 담당자의 개인적인 경험이나 주관에 따라 이루어지는 '애매한' 선발과 평가에서 벗어나 데이터를 바탕으로 과학적이고 객관적인 선발과 평가가 이루어져야 한다는 것이다.

최근 화제가 되고 있는 인공지능과 빅데이터에 관해 오해가 많다. 그 부분부터 알기 쉽게 설명하고 앞으로 해야 할 일을 제시하는 데 주력했다. 이 책이 인사제도에 새로운 바람을 불어넣을 수 있다면 그보다 기쁜 일은 없을 것이다.

이 책을 쓰면서 많은 분에게 도움을 받았다. 미네르바 스쿨의 윌 호우탈링 씨와 조나단 가츠만 씨, 복시 사의 레베카 Y. 지 씨와 다니엘 리치 씨, 스팔시트 사의 파르자드 에스카피 씨, 파이메트릭스 사의 앨리나 장 씨, 프레딕트 사의 에릭 콘프릭크 씨, CAE사의 애슐리 브레일스포드 씨, 스탠포드대학의 구시다 켄지 씨에게 깊은 감사의 말을 전한다.

후쿠하라 마사히로

CONTENTS

머리말 •4

| CHAPTER 2 |

인공지능×빅데이터 혁명이란 무엇인가

| CHAPTER 3 |
일본 인사제도의 문제점

| CHAPTER 4 |
미국의 선진 사례 리포트

| CHAPTER 5 |

인공지능×빅데이터와
앞으로의 일본 조직

일본 인사 혁명의 전망 : GROW의 시도

| CHAPTER 7 |

인공지능×빅데이터 시대 인사에서 살아남는 법

| CHAPTER 1 |

인사 혁명이
시작됐다

* * *

파이메트릭스 채용 시스템은 참가자에게 컴퓨터 단말기를 사용하여 간난한 게임이나 질문에 대답을 하게 하는데 막상 참가자들의 대답이나 점수에는 크게 주목하지 않는다. 오히려 참가자가 어떤 문제에 어느 정도의 시간을 사용했는지, 문제를 푸는 동안 마우스를 어떻게 움직였는지, 컴퓨터 화면을 보는 눈의 움직임은 어땠는지 등에 관한 자세하고도 방대한 데이터에 주목한다. 게임 실력은 계속해서 훈련하면 본래 이상의 성과를 낼 수 있다. 하지만 자신의 행동특성에 대한 방대한 정보를 제어하기란 매우 어렵다. 그리고 어떤 행동을 취했을 때 '우수'하다는 판단이 내려질지 예측하기란 불가능에 가깝다.

■

인간은 얼마든지 거짓말을 할 수 있는 존재다. 인사 채용 현장을 떠올려보자. 필기시험에서는 평소 공부를 열심히 하지 않는 사람도 시험 직전 벼락치기로 고득점을 받는 경우가 종종 있다. 면접에서도 채용되기 위해 다른 사람처럼 연기를 할 수 있기 때문에 답안지나 면접에 사용된 말을 어디까지 믿어야 할지 알기 힘들다.

이를 극복하기 위해 지금까지는 면접관과 인사 담당자의 오랜 경험과 감, 흔히 말하는 '사람을 보는 눈'에 의지하는 면이 컸다. 그러나 이런 안목이 얼마나 정확한지는 확인이 불가능하고, 아무래도 개인의 편견이 개입될 여지가 있다는 점에서 문제가 될 수 있다. 하지만 이는 인사에서는 당연한 전제 조건이며 인간성이 관련된 이상 어느 정도는 어쩔 수 없다고 여겨졌다.

그래서 등장한 것이 인공지능과 빅데이터 분석 기술이다. 뒤에서 자세히 소개하겠지만 공동저자인 후쿠하라는 2015년 8월 미국의 벤처기업을 방문하여 취재할 기회가 있었다. 미국의 최첨단 벤처기업 중에는 이미 인공지능과 모든 행동특성 베이스에서 인간의 데이터를 측정·분석하는 기술을 사용하여 기존 인사에서 발생하는 문제를 해결한 곳이 있다. 뉴욕에 있는 파이메트릭스(Pymetrics)이다.

인공지능×빅데이터 시대의
채용 시험

　파이메트릭스는 몇 분 이내에 끝나는 20개의 게임을 통해 뇌과학적 관점에서 인지 및 감정 부분을 측정하여 해당 개인에게 가장 적합한 기업을 소개하는 인재 매칭 서비스를 제공한다.

　2015년 8월 기준으로 약 13만 명(내가 재직하는 학교의 학생이 약 10만 명 정도)의 인재가 이 서비스에 참여하고 자산운용사 피델리티, 컨설팅업체 엑센추어, 크레디스위스 은행 등 금융기관과 컨설팅 업체를 중심으로 10개 이상의 기업이 이 서비스를 이용하고 있다.

　인지 및 감정을 측정하는 과정에 게임을 이용하는 이유는 더 객관적인 데이터를 얻기 위해서다. 질문과 대답으로 이루어지는 일반적인 형식으로는 질문 내용을 어느 정도 예측할 수 있어 결과 데이터에 주관적인 편견이 들어갈 수밖에 없다고 본 것이다.

게임의 종류는 스페이스 바를 가능한 한 빨리 누르거나 화면상의 풍선을 클릭하는 게임부터 돈을 사용하는 시뮬레이션 게임까지 다양하지만 매우 간단하다. 게임을 통해 다음과 같은 문항의 결과를 측정할 수 있다.

① 타인을 어느 정도 신용하는가
② 정보 분석의 속도는 어떠한가
③ 리스크 회피 경향이 있는가
④ 이타주의의 정도는 어떠한가
⑤ 기억력이 좋은가
⑥ 보상에 어떻게 반응하는가
⑦ 집중력이 뛰어난가
⑧ 시행착오를 통해 어느 정도 배우는가
⑨ 얼굴 표정과 맥락 중 어디에서 정보를 얻는가
⑩ 문제해결력이 있는가

이 시스템은 참가자에게 컴퓨터 단말기를 사용하여 간단한 게임을 하거나 질문에 대답을 하게 한다. 테스트 형식 자체는 특별히 새로울 것이 없는데 데이터의 종류, 수집 방법, 판단 방법 등은 좀 흥미롭다.

실제로 이 시스템은 참가자들의 대답이나 점수에는 크게 주목하지 않는다. 오히려 참가자가 어떤 문제에 어느 정도의 시간을 사용했는지, 문제를 푸는 동안 마우스를 어떻게 움직였는지, 컴퓨터 화면을 보는 눈의 움직임은 어땠는지 등에 관한 자세하고도 방대한 데이터에 주목한다. 물론 게임 결과를 무시할 수는 없지만 게임을 하는 동안의 행동특성 데이터를 결과와 똑같이 중요하게 생각하여 종합적인 판단을 내린다.

게임 해결력이나 문제에서 점수를 얻는 것은 계속해서 훈련하면 본래 실력 이상의 성과를 낼 수 있다. 하지만 자신의 행동특성에 대한 방대한 정보를 제어하기란 매우 어렵다. 그리고 어떤 행동을 취했을 때 '우수'하다는 판단이 내려질지 예측하기란 불가능에 가깝다.

우수한 게임 결과를 보여주는 사람이 그 게임을 비롯해 여러 문제에 임할 때 어떤 행동특성을 보인다는 판단 평가는 인공지능×빅네이터가 실용 단계 수준까지 온 지금에 와서야 비로소 가능해졌다.

기업들은 파이메트릭스의 매칭 서비스를 이용하여 객관적인 인재 데이터를 확보함으로써 채용 계약률이 1%에서 5~6%로 상승했고, 인재 선발에 필요한 기간도 6개월에서 약 3개월로 단축되었다고 말한다.

채용 후에도 서류 정보만으로는 알기 힘들었던 성격을 상세하게 파악할 수 있어 승진이나 업무 배치 등에도 효과적으로 이용하고 있다는 분석이 나온다(이것이 파이메트릭스의 두 번째 사업이다). 이 서비스를 이용하면 인재와 기업의 매칭이 처음부터 잘 이루어지기 때문에 채용 후의 이직률도 낮아진다.

일반적으로 남성 상사는 여성의 실력을 무의식적으로 얕보는 경향이 있다. 그리고 이과계 연구소 등은 남성 중심 사회이기 때문에 여성은 무의식적인 적대감을 느끼는 경우가 많다는 것을 경험상 알고 있

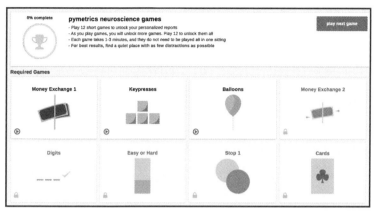

파이메트릭스의 게임 화면. 각 아이콘을 클릭하면 아래와 같은 게임이 시작된다.

다. 이런 선입관과 편견을 파악한 후 승진이나 인사이동에 대한 제안을 하기 때문에 입사 후에도 직원들이 능력을 충분히 발휘할 수 있는 환경이 마련된다. 참고로 말하자면, 일본 기업의 이직 이유 중 1위는 인간관계이다.

시대가 바뀌면
평가도 달라진다

게임 형식의 채용 시험이 그다지 새로운 건 아니라고 생각하는 사람도 있을 것이다. 인재에게 창의성, 리더십 등을 요구하던 1980년대 후반부터 1990년대 초반까지만 해도 팀별 경쟁 구도로 문제를 해결하는 '엔터테인먼트' 채용 시험이 일본 기업의 일반적인 경향이었기 때문이다.

하지만 일본 기업에서 실시한 이런 채용 시험의 평가는 '사람'이 했다. 즉 "A군은 리더십이 뛰어나군.", "B군은 의사결정의 속도라는 문제의 핵심을 잘 파악하고 있네."와 같이 평가자의 주관적인 판단으로 참가자의 우수함을 파악했다는 뜻이다.

이에 비해 파이메트릭스가 제공하는 테스트의 가장 큰 특징은 인공지능×빅데이터를 통한 과학적인 접근이다. 앞서 말했듯이 게임 형식의 테스트는 게임의 득점이나 최종적인 성과만을 평가하지 않는다. 순발력,

기억력, 사고력 등 방대한 양의 빅데이터를 얻을 수 있다는 점이 중요하다. 이 데이터는 이력서에 쓰인 정보의 수백 배의 힘을 갖는다.

파이메트릭스는 게임 결과를 바탕으로 학생 개개인의 인지 및 성적에 관한 방대한 양의 데이터를 인공지능으로 해석하여 기업과 매칭을 한다. 참가자가 늘수록 비교 참조할 수 있는 데이터가 늘기 때문에 매칭의 정밀도는 높아질 수밖에 없다. 과거에 채용한 인재의 이력과 기업의 전략을 고려하면 그 기업은 더 매칭 단계가 높은 인재를 채용할 수 있게 된다.

미국의
인사제도 시스템

　미국에서는 이미 인공지능×빅데이터를 인사제도에 활용하는 시스템이 시작되었다.

　실용주의에 입각해 합리적인 사고를 중시하는 미국은 오래전부터 객관적인 기준 아래 인재를 선발, 채용하고 나아가 평가를 해왔다. 이런 사고방식은 인사에만 한정되지 않는다. 예를 들어 투자의 세계에서는 주식 시장에 영향을 미치는 요인을 분석하고 상황을 판단하여 컴퓨터에 투자 결정을 맡기는 알고리즘 거래가 1980년대부터 이미 시작되었고, 품질 관리 분야에서는 에드워드 데밍의 PDCA 사이클〔계획(Plan)-실행(Do)-확인(Check)-개선(Action)의 4단계를 반복적으로 실행하여 효율적인 관리와 성과 달성에 기여하는 관리 사이클〕을 이용한 개선이 이루어지고 있다. 합리적이고 과학적인 접근 방식이 미국의 바탕에 깔려 있다고 해도 좋을 것이다. 그래서 미국 기업, 그중에서도 최첨단 벤처기업은 판단의 객관성을 높일 수 있는 새로운 기술에 굉장히 민감하다.

세계적인 기업들은 전 세계의 우수한 인재를 영입하기 위한 경쟁에 돌입했다. 우수한 인재를 알아보고 채용하여 적재적소에 배치하는 것이 앞으로 인재 시장의 글로벌 기준이라면, 일본 기업들은 크게 뒤처져 있다고 할 수 있다. 이대로라면 살아남기 힘들 것이다.

실제로 우수한 인재들이 일본계 기업을 떠나고 있다. 비즈니스가 전 세계로 진출해도 구태의연한 일본 기업의 체질은 변하지 않기 때문이다. 영어를 못하는 사람이 많아 커뮤니케이션이 잘되지 않는 데다가 의사결정이 톱다운 방식으로 이루어지기 때문에 아이디어가 잘 받아들여지지도 않는다. 여성 경시 풍조가 뿌리 깊다는 내용도 자주 언급된다.

인사제도 역시 피드백이 잘 이루어지지 않고, 이루어졌다 해도 무엇을 평가했는지 알기 어렵다는 문제가 꾸준히 제기되고 있다. 이런 상태라면 회사에서 무엇을 어떻게 열심히 하면 되는지가 명확하지 않기 때문에 일에 대한 의욕도 떨어질 수밖에 없다.

학습과 경험을 통해 체화된 겉으로 드러나지 않은 지식 혹은 노하우를 의미하는 '암묵지(暗默知)'에 기초하여 사원들이 알아서 분위기를 파악하고 행동하는 일본식 방법으로는 세계적인 기업과 경쟁해 승리하기 어렵다. 다양한 인재들이 생동감 넘치는 현장에서 일하는 조직으로 변화하기 위해서는 과학적 접근을 통한 새로운 인사제도가 필요하다.

빅데이터란
무엇인가

2012년부터 '빅데이터'라는 단어를 접할 기회가 늘어났다. 특히 비즈니스 분야에서 데이터 분석이라는 영역이 새로운 단계로 돌입했다.

1960년대부터 컴퓨터가 비즈니스 사회에 급속하게 보급되면서 기업 내의 다양한 업무를 데이터화하는 환경이 조성되었다. 이 데이터를 바탕으로 분석 보고서나 관리 자료를 작성하여 경영이나 업무에 관한 의사결정을 하는 시스템을 의미하는 비즈니스 인텔리전스(BI, Business Intelligence)라는 말도 널리 쓰이게 되었다. 그 후에도 컴퓨터 기술은 급속도로 진화하여 1980년대에는 전략적 정보 시스템(SIS, Strategic Information System)이라는 개념이 경쟁에서 이기기 위한 키워드로 주목받게 되었다.

전 세계 최초로 데이터 분석 비즈니스가 활용된 것은 바로 이 시기였다. 세븐일레븐 재팬이 판매시점정보관리시스템(POS)을 마케팅 목적으로 활용하기 시작했다. POS의 원래 목적은 거스름돈 실수나 도난 등 점원의 부족한 능력을 보완하는 것이었다. 그런데 세븐일레븐 재팬은 전국 점포에서 보내오는 판매 데이터를 분석하여 각 점포에서 어떤 상품이 잘 팔리고 잘 팔리지 않는지를 파악하는 데 사용했다. 이와 같은 데이터 분석은 결코 새로운 개념이 아니다.

2000년대가 되면서 비즈니스 분야의 데이터 분석은 다음 단계로 들어섰다. 정보 시스템의 적용 영역이 확대되면서 2006년경부터 업무 결과나 프로세스의 데이터화가 더욱 확대되었다. 전자상거래(EC) 사이트나 소셜네트워크서비스(SNS)의 보급, 마케팅 분야의 웹사이트 이용, 인터넷의 보급으로 기업의 데이터도 취급하기에 이르렀다.

그전까지는 세븐일레븐 재팬같이 전국적으로 거대한 정보 네트워크가 형성된 기업이 빅데이터를 독점했다. 그런데 이제는 중소기업이나 벤처기업도 빅데이터를 활용할 수 있게 된 것이다. 이른바 빅데이터 시대가 시작되었다.

이에 따라 많은 기업이 의사결정의 구체성과 정확성을 향상시킴으로써 실시간으로 변화에 대응할 수 있게 되었다. 선진 기업에서는 비즈니스 기회를 놓치지 않기 위한 노력이 시작되었다.

인간의 뇌처럼
학습하는 컴퓨터

빅데이터 정보 혁명은 2000년대에 이미 시작되었다. 그런데 왜 지금 와서 빅데이터의 중요성이 강조되는 것일까?

그 배경으로는 분석 기술의 발전, 인공지능의 진화, 인공지능을 누구나 이용할 수 있게 만든 무료 프로그래밍 언어와 라이브러리(프로그램을 '부분'화하여 재이용 가능한 형태로 만든 것)의 확대를 들 수 있다.

특히 2012년에는 '딥러닝'의 충격이 전 세계를 강타했다. 인공지능의 정밀도를 겨루는 국제 대회에서 그전까지 주목받지 못했던 캐나다 토론토대학이 이미지 인식, 화합물의 활성 예측, 음성 인식의 세 가지 경쟁에서 우승한 것이다. 토론토대학의 우승 소식은 컴퓨터 각 분야의 연구자들에게 큰 충격을 주었다.

2장에서 자세하게 설명하겠지만 토론토대학이 사용한 기술은 인공지능의 새로운 분야인 '딥러닝'이다. 간단히 설명하자면 인간의 뇌가 학습하는 구조를 컴퓨터에 재현한 것이다. 쉽게 말해 컴퓨터가 인간처럼 스스로 학습하면서 점점 진화한다. 컴퓨터 시스템이 스스로 데이터를 분석하고 판단하여 현장에 지시를 내린다.

이제는 이런 최첨단 딥러닝 기술도 누구나 간단하게 접속, 이용할 수 있게 되었다. 무료 프로그래밍 언어로는 R언어와 파이썬(Python), 파이썬의 라이브러리인 넘파이(NumPy)와 사이파이(SciPy) 등이 있다. 그리고 앞으로 인공지능이 더 진전하는 계기가 될 구글의 인공지능 오픈소스 소프트웨어인 텐서플로(TensorFlow)가 등장했다.

2015년이 되어서는 시대의 키워드가 빅데이터에서 인공지능으로 바뀌었다. 빅데이터와 인공지능은 표리일체의 관계이다. 사물인터넷(IoT, Internet of Things : 정보뿐만 아니라 제품을 비롯한 사물이 네트워크로 이어진 것)이 급속도로 주목받은 것도 이를 가능하게 만든 인공지능의 발달과 관련이 있다.

그런가 하면 하버드대학, 시카고대학에서 인공지능을 배우는 학생들이 필자(후쿠하라)에게 인턴을 지원하는 경우가 2014년부터 조금씩 늘고 있다. 예를 들어 2015년에 인턴을 한 학생은 전공이 문학이고 부전공이 인공지능이었다. 무료 인공지능 소프트웨어로 일본문학을 분석하고 싶다고 쓴 지원 서류를 보고 놀랐다. 안타깝게도 일본의 문과 계열 학생 중에 인공지능 모델을 구축할 수 있는 학생은 전혀 없다고 해도 과언이 아니기 때문이다.

비약적으로 확대되는 데이터를 경쟁력 있는 상품이나 서비스 창출에 이용하거나 실시간으로 변화하는 시장과 연동하여 광고나 서비스를 자유자재로 변화시켜서 경쟁력을 키우고 강화하는 정책이 추진되고 있다. 이를 위한 수단으로 인공지능을 활용하자는 움직임이 이미 시작되었다.

자연언어를 이해하는
컴퓨터

진화의 또 다른 배경에는 자연언어처리(NLP, Natural Language Processing) 기술의 발전이 있다. 자세한 설명은 2장에서 하겠지만 간단히 말하면 컴퓨터가 인간의 언어를 사용하게 되었다는 뜻이다.

구글의 검색 기능이나 애플의 음성인식 기능인 시리(Siri), IBM의 인공지능 왓슨(Watson)과 연계한 소프트뱅크의 인간형 로봇 페퍼(Pepper)를 떠올려보면 쉽게 알 수 있다. 이것들은 해마다 진화를 거듭하여 드디어 실용화 단계에 도달했다.

데이터 분석의 세계에서 언어가 분석 대상이 된 것은 매우 큰 의미가 있다. 기존 분석에서는 사물이나 현상을 숫자 데이터로 변환해야만 했다. '굉장히 좋다, 꽤 좋다, 어느 쪽도 아니다, 그다지 좋지 않다, 매우 좋지 않다'의 5단계 평가로 대답하게 하는 점수화 방식이 전형적인 예이다.

하지만 세상에서 일어나는 모든 일을 숫자 데이터만으로 정확하게 표현할 수 있겠는가?

그러니 있는 그대로의 언어를 분석 대상으로 삼을 수 있다면 더 정밀한 데이터 분석이 가능하다. 예를 들어 세계 경제 무대에서 활약하는 사람은 어떤 언어를 SNS에 쓰는 경향이 있는지에 대한 상관관계, 인과관계를 시행착오를 거듭하면서 학습하여 점점 더 정밀도를 높여갈 수 있다는 이야기다. 지금 이 순간에도 데이터 분석은 비약적인 발전을 거듭하고 있다.

뒤처지는
일본의 인사제도

　일본에서도 마케팅과 엔지니어링 분야에서 데이터 분석과 인공지능의 중요성이 주목받고 있다. 그러나 인사부는 전혀 변화의 움직임을 보이지 않는다.

　거품경제가 붕괴한 후 '잃어버린 20년' 동안 일본 기업은 안일한 인사제도의 체질을 개선하여 효율성을 중시하는 조직, 투명하고 유연한 인사제도를 구축했다. 성과주의 평가와 처우, 종신고용의 부정과 인재의 유동화, 연공의 부정과 바로 활용 가능한 능력 중시, 직종별 채용, 중복성의 부정과 아웃소싱, 본사와 생산 현장의 분리, 부분별 실적의 정량 평가 등 예를 들자면 너무 많아서 다 열거하기 힘들 정도다.

　이런 시책은 기업을 단기적·표면적·재무적인 성과를 쥐어짜 내는 체질로 만들어 이익률과 효율을 중시하는 경영에 기여했지만 조직의 구심력과 직원의 잠재력에 대한 관심, 창의성과 장기적 전망 등을 잃어버린 것도 사실이다. 배경에 있던 논리적인 이론이 바로 인간을 돈과 사물과 같은 차원의 자원, 즉 인적 자원으로 보는 경영전략론이다.

1990년대 이후 성과주의 인사제도가 주류가 되었는데, 이는 평가 기준을 성과로만 단순화하는 것이다. 이에 따라 인사부는 현장에서 괴리된 제도를 중시하는 성향이 강해졌고 사내에 미치는 힘은 약해졌다.

1980년대까지만 해도 일본의 인사부에는 기업의 인재에 관한 지식(어떤 지식을 가진 인재가 어디에 있는지, 그들을 어떻게 육성할지), 경영과 하나가 된 지식(인재를 통해 장기 비전과 미래 핵심 역량 기술을 구축), 시스템을 움직이는 지식(현장의 현실을 제대로 알고 조직을 개혁하여 적절하게 현장에 개입하고 동기부여)이라는 '인사부 지식'이 있었다.

물론 이는 다분히 개인의 '경험과 주관'에 바탕을 둔 것으로, 문서나 매뉴얼처럼 여러 사람이 공유할 수 있는 형태로 형식지(形式知)화된 것은 아니었다. 원래대로라면 형식지의 형태로 기업에 축적되어야 했지만 합리화·효율화가 진행되면서 이런 '인사 지식'은 사라져갔다. 지금은 사무국화되어가는 인사부에 많은 것을 기대할 수 없다.

지식경영의 시대를 겨냥한 새로운 인사 패러다임을 당장 모색하지 않으면 다음 세대에 도약하기 위한 일본 기업의 강점을 재구축할 수 없다. 한번쯤은 그동안 잃어버린 '인사 지식'과 경험을 돌아보고 이를 바탕으로 일본 기업의 새로운 콘셉트를 만들어야 할 때가 온 것이다.

개혁의 첫걸음은
인공지능×빅데이터다

　'인사 지식'을 형식지로 전환하기 위해서는 과학적인 접근이 필요한데, 이를 위해 매우 유효한 수단이 바로 인공지능×빅데이터다.

　기존의 인사부가 취급하던 데이터는 입사 지원서와 이력서, 토익이나 일본 기업에서 가장 널리 쓰이는 적성검사(SPI) 점수, 사원의 학업 성적과 직무 평가 정도였다. 입사 지원서를 보고 '학력 스크리닝'이라 불리는 출신 학교에 따른 탈락이 이루어지기 때문에 명문대 출신이 아니라면 제대로 들여다보지도 않는 것이 현실이다.

　학력 스크리닝에 대한 대학생들의 비판이 거세지만 인사부도 할 말은 있다. 대학생들에게 인기가 높은 기업이라면 읽어야 할 입사 지원서만 10만 통이 넘는다. 소수의 채용 담당자가 모든 원서를 검토하기는 물리적으로 불가능한 수준이다.

명문대 출신이 아니라도 우수한 인재가 존재한다는 사실은 알고 있다. 하지만 명문대 출신 학생들 중에 우수한 인재가 있을 확률과 개연성이 높은 것 또한 사실이다. 일차적으로 지원자를 거르기 위해서는 학력 스크리닝을 할 수밖에 없다. 합리화·효율화를 추진하여 인사부를 최소한의 인원으로 축소한 결과이다.

그런데 인사부에 더 많은 노력을 요구할 것이 아니라 더 세밀하고 과학적인 접근 방법을 찾을 수 있다면 어떨까?

컴퓨터의 자연언어처리 기술을 이용하면 입사 지원서와 이력서를 자세하게 분석하고 평가할 수 있다. SNS에 올린 글도 평가의 대상이 될 수 있다. 기업에 소속된 사원이라면 메일에 쓴 내용도 데이터화할 수 있다. 채용이나 평가를 위한 데이터가 양적·질적으로 단번에 늘어나게 된다.

인공지능이
인간을 지배한다고?

데이터로 인재를 평가한다고 하면 공포와 혐오감을 느끼는 사람도 적지 않을 것이다.

하지만 우리는 그런 미래를 바라지 않으며 그렇게 되지도 않을 것이다. 인공지능×빅데이터는 선발·평가의 기준을 제시해주겠지만 운영하는 것은 역시 인간이다. 최종적인 판단은 데이터 이외에 인상 혹은 직관도 함께 고려하여 이루어질 것이다.

도요타와 닛산과 혼다, 덴쓰와 하쿠호도(둘 다 일본의 광고회사), 히타치 제작소와 파나소닉, 어느 기업이라도 좋으니 동종 업계의 대기업을 떠올려주길 바란다. 이 업계의 어떤 직종에 대해 인공지능×빅데이터가 적성이 맞는 인재상을 제시했다고 해보자. 이 경우 당연히 A사와 B사가 같은 인재를 채용할 수는 없다. 기업에는 각기 다른 문화가 있고 인재와의 궁

합도 다 다를 것이다. A사에서는 특별할 것 없이 지내다가 B사로 이직한 후 갑자기 두각을 드러내는 경우도 얼마든지 있다.

결국 인공지능×빅데이터가 제시하는 것은 판단의 재료에 불과하다. 지금은 인터넷을 통해 소문이나 평판이 순식간에 퍼지는 시대다. 인공지능×빅데이터가 제시하는 기준에만 의지해 필요 인원을 사무적·기계적으로 선발하고 평가한다면 그 기업은 인간미가 없는 기업이라는 이미지가 만들어져 사람들로부터 멀어질 것이다.

이처럼 인공지능×빅데이터 기술이 발전하면 각각의 기업 문화를 반영하여 '이 회사의 풍토에서 활약할 수 있는 인재는 바로 이런 사람'이라는 수준까지 산출하는 시대가 올 것이다.

하지만 시대는 항상 변화한다. 기업의 풍토도 시대와 함께 변화한다. 데이터가 보여주는 것은 과거 혹은 현재에 최적화된 인재일 뿐이다. 기업이 이질적인 것을 도입함으로써 내부적으로 자극을 받는 것은 흔히 있는 일이다. 조직에 새로운 바람을 불어넣기 위해 기존과 다른 유형의 인재를 등용하는 경우도 있다.

인공지능×빅데이터는 'A라면 이렇게, B라면 저렇게'라는 판단 재료를 제시할 뿐, 누구를 채용할지 판단하는 것은 인간이다. 회사를 어떻게 만들고 싶은가는 최종적으로 경영이념과 인사에 대한 생각, 그리고 가치관과 철학에 따른 판단하에 이루어진다.

CHAPTER 2

인공지능×빅데이터
혁명이란 무엇인가

* * *

컴퓨터는 불평 한마디 없이 정확하고 신속하게 일을 처리한다. 의욕이 떨어져 생산성이 저하될 일도 없다. 기업가가 직원을 고용하지 않고 인공지능을 사용하여 사업을 한다고 생각해보자. 인간은 어떻게 될까? 경영은커녕 정치적·정책적 판단도 인공지능이 하게 되어 인간은 그저 그 판단에 따르는, 즉 지배받는 입장에 몰리게 될까?

■

인공지능 바람이 불고 있다. 신문이나 잡지에서도 자주 접하게 되는 걸 보면 드디어 실용화 단계에 도달했다는 느낌마저 준다. 그 이유는 바로 딥러닝, 기계학습, 자연언어처리 기술 때문이다. 특히 딥러닝의 가능성은 더욱 주목받고 있으며, 이 기술이 더 발전한다면 인공지능은 앞으로 급속히 진화할 것이다.

인공지능이란 한마디로 '인간처럼 생각하는 컴퓨터'다. 인간의 뇌에는 다수의 시냅스(정보 전달의 통로)가 존재하며 이 시냅스를 통해 전기신호가 오간다. 그런 의미에서 뇌는 일종의 전기회로이기 때문에 뇌의 구조, 즉 인간이 어떻게 느끼고 생각하는지에 관한 메커니즘이 밝혀진다면 컴퓨터로 재현할 수도 있다.

인공지능이라고 하면 인간처럼 생각하고 행동하는 인간 형태의 로봇을 떠올리기 쉽지만, 사실 인공지능은 인간의 사고를 본뜬 프로그램이다. 기존의 컴퓨터 프로그램과 인간 뇌의 가장 큰 차이는 학습이 가능한가 하는 것이다. 한 번 전기가 흐른 시냅스는 전기가 흐르기 쉽게 변하기 때문에 전달이 더 쉬워진다. 즉 경험이나 사고를 통해 학습하면서 전기회로가 계속 변화한다.

학습하는
인공지능

컴퓨터 프로그램은 가장 처음에 알고리즘(문제를 해결하는 수순)을 설계한다. 어떤 경우에 어떤 설계 처리를 하는지가 가장 먼저 결정되기 때문에 답을 도출하는 수순은 항상 일정하다. 이것이 바로 인간의 뇌와 컴퓨터 프로그램의 가장 큰 차이점이다.

물론 학습하는 컴퓨터 프로그램은 예전부터 존재했다. 우리가 매일 사용하는 컴퓨터의 입력 소프트웨어가 변환 빈도가 높은 언어를 변환 후보 상위에 두어 변환 효율을 높이는 것이 한 예다. 스팸 메일 폴더나 아마존의 추천 기능 등도 마찬가지다.

이 '기계학습'은 문자 인식, 음성 인식 등의 분야에서 차근차근 인식률을 높여가고 있다. 아직 100%라고 말하기는 어려운 상황이지만 문자 인식은 문자 인식에 특화된 기술, 음성 인식은 음성 인식에 특화된 기술로 정밀도를 높여가고 있다.

이에 비해 최근 큰 주목을 받고 있는 딥러닝은 처음 프로그램을 만들 때 인간이 입력하지 않은 '특징량'을 스스로 만들어 알고리즘 자체를 학습을 통해 진화시킨다.

예를 들어 이미지 가공 소프트웨어로 쓰이는 이미지 필터(색 보정, 노이즈 제거 등의 가공을 하는 기능)가 있다고 해보자. 이미지 필터는 과거에 이루어진 가공 처리(가공 전 이미지와 가공 후 이미지를 세트로 하여)를 딥러닝이나 인공신경망을 통해 대량으로 학습한다.

이렇게 하면 인공신경망은 지금까지 본 적 없는 새로운 이미지를 입력해도 보정해야 할 부분과 제거해야 할 노이즈를 스스로 특징량을 만들어 판단하고 과거의 이미지 가공 처리와 동등한 결과를 낼 수 있다.

딥러닝도 컴퓨터 프로그램이기 때문에 스스로 프로그램을 만들거나 진화할 수 있다. 이런 점에서 획기적이라 할 수 있다.

인공지능은
대학 입시에 합격할 수 있을까

　인공지능 연구는 일본에서도 활발하게 이루어지고 있다. 국립정보학 연구소(NII)에서는 아라이 노리코 교수를 중심으로 100명이 넘는 연구자가 2011년부터 도쿄대학 입시에 합격할 수 있는 인공지능 '도로보 군'을 연구하고 있다. 2015년 현재 도쿄대학 합격은 아직 무리지만 일본의 60% 대학에 대해 합격가능성이 80% 이상이라는 결과가 나왔다.

　입시에는 기출 문제가 그대로 나오지는 않는다. 다만 기출 문제 데이터를 대량으로 해석하면 새로운 문제에 대한 해결 방법도 알 수 있다. 여기에는 자연언어처리 기술뿐만 아니라 다양한 인공지능 기술이 종합적으로 이용된다.

　이런 연구가 비즈니스 분야에 어떻게 응용될지에 대해서도 기대가 크다. 현대 사회는 입시 문제 이상으로 다양하고 복잡하며 상황적 변수가 많다. 따라서 방법 자체를 학습하는 인공지능이라면 비즈니스에서도 상황에 따라 최적화된 판단을 이끌어낼 수 있다고 보기 때문이다.

컴퓨터가 정해진 사항에 대해서 하나의 기준을 적용하여 최고 속도로 처리하는 기계라는 이미지에 가깝다면, 인공지능은 상황에 따라 적합한 방법을 생각해서 처리하는 '더 인간의 뇌에 가까운' 기계라고 할 수 있다. 이것은 아주 큰 변화다.

언젠가는 변화하는 사업 환경에 대해 적확하게 판단하고 최적화된 경영 판단을 인간 이상으로 정확하게 내리는 인공지능이 등장할 것이다.

체스와 장기에서
인간을 이긴 슈퍼컴퓨터

1997년 IBM이 개발한 슈퍼컴퓨터 '딥블루'는 당시 체스계의 챔피언과 대결을 벌여 승리를 거뒀다. "컴퓨터가 드디어 인간을 넘어섰다."는 소식에 당시 사람들은 큰 충격을 받았다.

곰곰이 생각해보면 체스의 수를 생각하는 인공지능에 대해 기술적으로는 놀랄 필요가 없다. 가로세로 8줄씩 64칸으로 이루어진 체스판과 움직임이 다른 6종류 16개의 말을 사용하는 체스 경기에서 둘 수 있는 수는 정해져 있다. '여기서 이렇게 두면 상대방이 다음에 이렇게 둘 것이고 그러면 다시…' 하고 다양한 경우를 상황별로 나눠서 수십 수, 수백 수 앞까지 예측하여 둘 수 있는 수 가운데 가장 적합한 수를 선택하면 되기 때문이다. 수십 수, 수백 수 앞까지 나아가면 매우 큰 수가 되겠지만 이 부분은 슈퍼컴퓨터가 처리하면 된다. 빠른 처리 속도로 대응할 수 있기 때문이다.

하지만 상대방의 말을 잡으면 필요할 때 자신의 말로 사용할 수 있는 장기의 경우(일본의 장기는 상대방의 말을 잡으면 필요할 때 화살표만 돌려서 자신의 말로 사용할 수 있다), 둘 수 있는 수의 가짓수가 체스에 비해 엄청나게 많다. 그렇기 때문에 장기에서 인공지능이 명인에게 이길 날은 먼 미래의 일로 여겨졌다.

그런데 2012년 제1회 장기전왕전에서 요네나가 쿠니오 영세기성(일본의 최고 기전인 기성전에서 통산 5기 이상 타이틀을 유지한 기사에게 내려지는 칭호)이 전년도 세계 컴퓨터 장기 선수권 우승 소프트웨어인 '본클러즈'와 대국해 패했다. 2013년에도 현역 프로 장기 기사와 컴퓨터 소프트웨어의 5:5 대국에서 현역 기사가 인공지능에 세 차례 패배하는 파란이 일어났다. 그리고 2014년에는 컴퓨터 소프트웨어가 4승 1패의 승리를 거두었다. 이와 같은 인공지능의 약진에 사람들은 눈이 휘둥그레질 수밖에 없다.

이렇게 인공지능이 빠른 속도로 발전한 것은 컴퓨터의 처리능력이 비약적으로 향상되었기 때문이다. 예를 들어 2013년 대국에 등장한 'GPS 장기'는 도쿄대학의 컴퓨터 약 670대에 접속하여 1초 동안 약 3억 수를 읽을 수 있다.

하지만 이뿐만이 아니다. 기계학습의 적용과 이를 위한 더 좋은 특징량이 발견되었다. 컴퓨터는 기계학습으로 과거의 방대한 대국 기록을 통해 장기의 판세와 수를 학습한다. 데이터 가운데 주목할 만한 부분을 특징량이라고 하는데, 구체적으로 말하면 '상대방이 장군을 불렀는가.', '궁

(宮) 주위에 우리 편 말이 있는가.' 등과 같은 변수가 바로 특징량이다.

이전의 기계학습에서 사용하던 특징량은 '장기짝 두 개의 관계'를 중심으로 컴퓨터가 이 두 개의 말의 위치 관계에 주목하여 말을 두는 수를 계산했지만, 지금은 '장기짝 세 개의 관계'를 특징량으로 하고 있다. 인간에게는 보이지 않았던 상관관계를 과거의 대국 기록이라는 빅데이터 속에서 찾을 수 있을 정도로 정밀도가 높아진 것이다.

진화하는
인공지능

장기 소프트웨어의 사례는 딥러닝에 시사하는 바가 크다. 장기 소프트웨어에 딥러닝 기술을 사용하지는 않았지만 특징량, 즉 데이터의 어느 부분에 주목하느냐에 따라 결론이 달라진다는 것을 보여주기 때문이다.

본래 인간은 무수히 많은 정보 가운데 일부만을 선택하여 사물이나 현상을 인식한다. 그렇지 않으면 처리가 불가능하기 때문이다.

예를 들어 테이블 위에 물이 든 컵이 놓여 있다고 하자. 어떤 사람은 이를 '물'이라고 인식하고 또 어떤 사람은 '컵'이라고 인식한다. 색에 주목하여 '파랑(컵)', 소재에 주목하여 '플라스틱'으로 인식할 수도 있고 '귀엽다'고 인식하는 사람도 있을 것이다. 그래서 갑자기 "그 컵의 용량은?"이라는 다른 관점의 질문을 받으면 대답하지 못하는 경우가 생긴다.

마케팅에서 자주 이용되는 PPM(Product Portfolio Management)은 수많

은 평가지표 가운데 '성장성'과 '점유율'이라는 두 가지 정보만으로 제품의 포지셔닝을 분석하는 기법이다. 그런데 이익률이나 전체 시장 규모 등 비즈니스에는 많은 지표가 존재하고 환경에 따라 중시되는 지표도 다르다. 실제로 일본 기업은 고도성장기에 시장점유율과 매출 중심의 전략을 썼지만 1990년대 이후에는 이익 중심의 전략으로 전환했다. 최근에는 투자자들을 크게 의식하면서 자기자본이익률(ROE, Return On Equity) 중심의 경향이 강해지고 있다.

경영 판단의 지표가 많을수록 정밀도가 높아진다고 생각하기 쉽지만 사실은 그렇지 않다. 지표가 늘어나면 고려해야 할 요소가 늘어나 판단이 어려워지고, 지표별로 전혀 다른 결론이 도출될 수도 있다. 그러므로 환경이 변화하면 중시해야 할 지표도 변하게 된다.

컴퓨터 프로그램은 일종의 가설이다. 프로그램 설계자가 일정한 설계 콘셉트를 정하고 알고리즘을 만든 것이기 때문이다. 예를 들어 과거의 상장 정보를 분석하여 투자 판단을 기계적으로 반복하는 금융 분야의 알고리즘 거래는 금융공학이라는 이름 아래 큰 성과를 올렸다. 하지만 100년에 한 번 일어날까 말까 한 리먼 사태가 일어나자 엄청난 손해를 봤다. 컴퓨터는 설계 실수를 하지 않지만, 설계의 전제가 되는 알고리즘=처리법이 적절하지 않은 경우 오작동을 일으킬 수 있기 때문이다.

따라서 그런 위기적 상황에서도 감정에 휘둘리지 않고 합리적으로 상황에 따라 학습하고 방법 자체를 바꿀 수 있는 인공지능의 가능성은 앞으로도 크게 주목받을 것이다.

인공신경망

인공신경망이란 인간의 뇌신경 회로를 참고한 수학 모델로, 인공지능의 한 분야이다. 인공신경망이야말로 앞으로가 기대되는 딥러닝의 기초가 될 사고방식이다. 인공신경망은 뉴럴 네트워크라고도 불리는데, 인터넷의 보급에 따라 널리 쓰이게 된 네트워크라는 말보다 추상적인 개념이라는 사실에 주의할 필요가 있다.

컴퓨터는 전기회로이기 때문에 전기가 흐르는지 흐르지 않는지, 즉 온(1)인지 오프(2)인지를 인식하는 이진법을 사용한다. 뉴런(신경세포)과 그 사이에 존재하는 시냅스로 이루어진 인간의 뇌도 이 점에서는 컴퓨터와 같지만, 뉴런은 다른 뉴런과 이어진 시냅스에서 전기 자극을 받아 일정 수준 이상의 전기가 쌓이면 다른 뉴런으로 전기신호를 전한다. 온과 오프의 관계가 아니라 역치(반응을 일으키는 데 필요한 최소한도의 자극)를 넘었을 때 오프가 온이 되는 점이 가장 큰 차이다. 한 번 전기가 흐른 시냅스는 강화되어 전기가 흐르기 쉽게 변하기 때문에 인간의 뇌는 학습으로 시냅스의 결합 강도를 변화시켜 전기회로를 변화시킨다. 이런 구조를 인공지능에 이용한 것이 인공신경망이다.

이 활용 사례로 널리 알려진 것이 손글씨 인식이다. 손글씨는 쓰는 사람에 따라 선과 선을 붙여 쓰는지, 어떻게 꺾어서 쓰는지 등의 차이가 있기 때문에 보편적인 판별 기준을 정하기가 어렵다.

하지만 인공신경망은 손글씨를 정확하게 인식하기 때문에 다양한 손글씨 이미지를 컴퓨터가 인식하여 어떤 문자인지 알 수 있다. 그리고 이 인식이 정답인지 아닌지에 대한 판단을 몇 번이고 반복한다. 이런 과정을 통해 어떤 특징이 있으면 어떤 문자일 확률이 높은지에 대한 판단 기준의 가중치 조절을 반복한다. 시냅스의 전류 흐름을 판단 기준의 가중치를 통해 재현했다고 할 수 있다.

자연언어처리의
발달

    인공신경망은 자연언어처리에도 응용된다. 자연언어처리(NLP)란 인간이 사용하는 단어를 컴퓨터로 처리하는 기술이다. 컴퓨터가 사용하는 언어인 프로그래밍 언어와 구별하기 위해 이렇게 부른다.

    자연언어처리 분야 역시 2013년 구글의 연구원 토마스 미코로브가 제안한 Word2Vec으로 큰 전환기를 맞았다. 이는 단어를 벡터화하여 표현하는 정량화 수법이다.

    자연언어처리는 컴퓨터의 일본어 변환 소프트웨어, 구글 등의 키워드 검색, 자동번역과 같은 영역에서 실용화 연구가 이루어지고 있다. 이 원리는 기계학습을 이용하는데, 방대한 양의 문장을 분석하여 특정 단어와 함께 쓰일 확률이 높은 단어를 조합하면서 자연언어처리를 하는 통계적 수법이 기본이다.

자동번역의 경우 아직 자연언어로는 부자연스러운 문장이 많지만 대략적으로 문장의 의미를 파악할 수 있는 수준까지는 진화했다. Word2Vec을 활용한 딥러닝적인 접근이 진화한다면 이런 문제도 머지않아 해결될 것이다.

최근 SNS 등에 축적된 빅데이터를 활용하는 수단으로 자연언어처리에 대한 관심이 높아지고 있다. 1장에서 살펴본 것처럼 기존에는 데이터를 처리하거나 분석할 때 숫자 변환에 신경을 써야 했다. 하지만 SNS 등에 축적된 텍스트 데이터를 그대로 컴퓨터가 해석할 수 있다면 얻을 수 있는 정보의 양이 엄청나게 많아진다. 또한 딥러닝을 응용하여 미묘한 표현과 뉘앙스까지 해석할 수 있는 기술의 급격한 발전도 기대된다. 인간처럼, 아니 인간보다 더 빠른 속도로 말이다.

고양이 얼굴을 인식하고
소설 창작도 하는 인공지능

2012년 구글의 연구원이 '구글의 고양이 인식'이라는 제목으로 발표한 연구 내용이 인공지능 연구자들 사이에 큰 화제를 불러 일으켰다. 인공 지능에게 유튜브의 동영상 가운데 1,000만 장의 정지 이미지를 추출하여 보여준 결과, '이것은 고양이의 얼굴이다.'라는 인식을 인공지능 스스로 학습했다는 내용이었다.

인간과 고양이는 모두 눈이 두 개이고 코와 입이 있다는 의미에서 얼굴 의 구성 요소에 차이가 없다. 개와 고양이라면 구별이 더 어려워진다. 소 형견의 경우 인간이라도 고양이와 착각할 수 있다. 고양이를 어떻게 고 양이로 인식하는지 생각해보면 의외로 어려운 문제였다. 그러나 인공지 능은 이런 구별마저 가능하게 만들었다. 점점 인간의 사고에 근접해가고 있는 것이다.

그뿐만이 아니다. 작곡, 소설 등 인간만이 할 수 있다고 여겨졌던 창작의 세계에까지 진출하려고 대기 중이다.

예를 들어 작가 호시 신이치가 개척한 장르인 쇼트 쇼트 형식(초단편소설, 일반적으로 200자 원고지 20매 이하의 작품을 말한다)의 소설을 인공지능이 쓰게 한 프로젝트 '변덕쟁이 인공지능 프로젝트 : 작가 맞잖아요'가 있다. 호시 신이치가 남긴 작품의 데이터를 바탕으로 인공지능이 문장을 쓰게 만든 시도이다. 유망한 조합을 대량으로 만들어 시행착오를 거듭하여 학습시키는 딥러닝 기술이 여기서도 활용되고 있다.

호시 신이치의 작품을 주제로 한 이유는 기술적으로 긴 문장을 위화감 없이 생성하기가 어렵기 때문이다. 현 시점에서는 인간과 인공지능의 공동 작업이지만, 2020년쯤에는 6,000자에서 8,000자 정도의 작품은 인공지능 단독으로 쓸 수 있게 될지도 모르겠다. 2030년이 되면 장편소설도 쓸 수 있게 되어 아쿠타가와 상이나 나오키 상을 수상하는 일도 꿈이 아니게 될 수 있다.

이처럼 인간의 뇌가 해왔던 일을 인공지능이 하나하나 따라잡고 있으며 머지 않아 뛰어넘을 날이 올 것이다. 구글을 비롯한 IT기업은 미래의 비즈니스를 위해 적극적으로 연구개발에 뛰어들고 있다. 인공지능×빅데이터라는 강력한 도구가 사업 활동에만 활용되지는 않을 것이다. 인사가 시대에 뒤처진 영역이 되기를 바라지 않는 게 우리만이겠는가.

빅데이터 활용과 관계 깊은
베이즈 통계

이 책은 인공지능 기술에 대해 설명하는 책이 아니다. 인사의 선발 및 평가제도에 인공지능×빅데이터를 활용하자는 제언이 목적이다.

그러기 위해서는 '베이즈 통계'를 알아두면 좋다. 베이즈 통계는 우리에게 익숙한 통계와는 달리 사전 확률에 인간의 상식이나 경험치를 반영하고 그 후 빅데이터에서 새로운 정보를 얻어서 원래의 확률을 업데이트해나가는, 즉 인공지능의 기초가 되는 사고다.

베이즈 통계는 18세기 영국의 확률론 연구가 토머스 베이즈가 제안한 역확률계산법을 기초로 만들어졌다. 우리가 대학 등에서 배운 통계학의 체계는 '네이만 – 피어슨 정리'라는 것으로, 20세기의 통계적 품질 관리를 바탕으로 통계 이론을 세운 것이다.

하지만 현재 미국 통계학자의 약 50%가 베이즈주의자이며, 일본에서도 베이즈 통계학을 일정 정도 알고 있거나 최소한의 지식으로 습득한 상태가 아니라면 조사 연구가 불가능하다고 한다. 그만큼 현대에 매우 유효한 통계학 체계라고 할 수 있다.

베이즈 통계의 특징은 인간의 상식이나 경험을 반영하는 유연성을 가진 '역확률', 즉 '원인의 확률'을 중심으로 했다는 점이다. 인간의 상식이나 경험을 바탕으로 확률(사전 확률)을 계산한 뒤 새로운 데이터를 불러와 새로운 확률(사후 확률)을 산출해나가는 것이다.

예를 들어 인사부장이 한 지원자를 채용할지 말지를 판단하는 과정을 생각해보자. 인사부장은 이 지원자가 지원서 평가를 통과하여 면접까지 왔기 때문에 지금까지의 경험상 채용될 확률을 70%라고 생각했다(사전 확률 70%). 면접에서 인사부장이 첫 질문으로 '오늘 신문 1면의 내용'에 관해 물었는데 지원자는 전혀 대답하지 못했다. 인사부장은 이 정보를 바탕으로 이 지원자가 채용될 가능성은 낮다고 판단한다. 여기서 사전 확률이 새로운 정보로 인해 갱신되어 사후 확률이 낮아졌다. 예를 들어 확률이 40%로 떨어지는 것처럼 확률이 갱신된 것이다.

이런 일련의 과정을 인공지능으로 모델화하여 이 인사부장의 암묵지를 형식지로 만들어나가면 된다. 이처럼 베이즈 통계는 일의적으로 규정할 수 없는 사회 현상을 파악하는 데 적합하며 빅데이터 활용과의 친화성도 높다.

이 책의 주제인 인사 선발의 예를 통해 베이즈 통계에 대해 조금 더 깊이 알아보도록 하자. 학력 필터의 문제를 예로 들어보겠다.

신규 채용에서 많은 기업이 학력 필터를 이용한다고 한다. 학력 필터의 근거는 '상위권 학교의 학생이라면 적어도 기초학력은 갖추고 있을 것이며 우수한 인재일 확률이 높을 것'이라는 가설이다. 즉 비명문대 출신 학생 중에 우수한 인재가 있다는 사실을 부정하는 것이 아니라 어디까지나 채용의 효율을 높이는 확률의 문제라고 생각하는 것이다.

실제로 자사 내에서 활약하는 사람과 그렇지 않은 사람을 비교했을 때 활약하는 사람이 80%의 확률로 명문대 이상 출신이었다는 통계 데이터도 존재한다. 비즈니스 주간지에도 일부 상장 기업에서 임원을 역임한 사람은 대개 명문대 출신이라는 데이터가 제시되곤 한다.

이를 본 교사, 학원 강사, 보호자 들이 명문대에 진학하는 것이 중요하다고 생각하는 것은 당연하다. 기업의 인사 담당자도 명문대 학생이라면 채용해도 안심할 수 있다는 마음이 들 것이다.

하지만 과거의 통계 데이터가 '우수한 인재는 명문대 이상 출신이 80%'라는 결과를 보였다고 해서 앞으로도 명문대 출신 중에서 채용해야겠다고 생각해도 되는 것일까? 베이즈의 통계로 보면 이것이 발전적인 생각이 아니라는 결론에 도달할지도 모른다.

베이즈 통계로 알 수 있는
학력주의

베이즈 통계·확률에서는 사전 확률, 사후 확률, 우도(확실성의 정도) 세 가지가 가장 중요하다. 사전 확률이란 실제 데이터를 얻기 전에 설정하는 확률로, 여기서는 기업에서 활약하는 사람의 확률이다. 사후 확률이란 최종적으로 고찰 대상이 되는 조건부 확률인데, 여기서는 명문대 출신이 기업에서 활약한다는, 즉 원하는 결론의 확률이 된다. 우도란 어떤 가설을 바탕으로 데이터를 얻은 확률이다. 여기서는 우수한 인재 중에 어느 정도 명문대 출신자가 있는가 하는 것이다.

구체적으로 살펴보자(더 혼란스러울 것 같은 사람은 무시하고 넘어가도 좋다).

예를 들어 대부분의 기업에서 임원이 되는 사람의 비율은 입사 동기 중 5% 정도이다. 나머지 95%는 임원이 되지 못한다. 이것을 사전 확률 A라고 하자. 사전 확률 A_1은 '임원이 되는 확률'이고 사전 확률 A_2는 '임원이 되지 못할 확률'이다.

이에 비해 사후 확률 B_1은 '명문대 이상의 학력일 경우 기업에서 활약할(임원이 될) 확률'이다. 사후 확률 B_2는 '그 이외의 대학 출신자로 기업에서 활약할 확률'이다. '명문대 이상의 학력을 가진 경우'라는 조건에 대한 '임원이 되는' 확률이기 때문에 명문대 이상의 학력일 확률을 B_1이라고 한다면 $P(A_1|B_1)$라는 조건부 확률이 된다.

다음으로 생각할 수 있는 것이 우도이다. '기업에서 활약하는 사람의 80%는 명문대 출신(기업에서 활약하는 사람 가운데 명문대 출신자가 있을 확률)'이라는 기존 통계를 바탕으로 한 확률이다. 이 정보로 $P(B_1|A_1) = 80\%$가 된다.

하지만 학력 필터를 사용하면 처음부터 명문대 이외의 대학에서 채용된 인원 수 자체가 적다. 입사 동기의 대부분이 명문대 출신자이기 때문에 임원이 되지 못한 사람도 명문대 출신이 많다. 70% 정도의 비율일 것이다. 이를 수식으로 나타내면 $P(B_1|A_2) = 70\%$가 된다.

이 수식과 함께 사전 확률 '기업에서 활약하는 사람의 비율[$P(A_1)=5\%$]'과 '그렇지 않은 사람의 비율[$P(A_1)=95\%$]'을 생각하는 것이 베이즈 통계·확률이다.

이 이상의 계산에 대해서는 명문대 출신 학력을 가진 경우 기업에서 활약할 수 있는 확률의 산출식만 표시하도록 하겠다.

$$P(A_1 \mid B_1) = \frac{P(B_1 \mid A_1)\,P(A_1)}{P(B_1 \mid A_1)\,P(A_1) + P(B_1 \mid A_2)\,P(A_2)}$$

$$= (0.8 \times 0.05)/(0.8 \times 0.05 + 0.7 \times 0.95)$$

$$= 5.7\%$$

결과적으로 명문대 출신의 학력이 있어도 기업에서 활약할 수 있는 사람은 5.7%에 불과하다. 이에 비해 타 대학 출신은 3.4%〔위의 산출식을 응용하여 $P(A_1 \mid B_2)$를 계산〕이다. 고학력자가 그렇지 않은 사람보다 기업에서 활약할 확률이 높다는 결과가 나오지만 그 차이는 2.3%에 불과하다.

어려운 계산 내용은 일단 제쳐두고 '명문대 출신자 중 활약할 수 있는 사람은 많지만 그것은 채용 단계에서 모수가 많기 때문이다. 소수라고는 하지만 그 외의 대학 출신자 중에도 활약할 수 있는 사람이 있다.'라는 결론은 매우 당연한 결과로 느껴진다.

이렇게 베이즈 통계 이론의 체계는 현실에 입각한 새로운 정보를 간단하게 적용할 수 있기 때문에 빅데이터 시대의 주류가 되어가고 있다.

인공지능은
인간의 일자리를 빼앗을까

1970년대부터 사무자동화가 진행되면서 그간 인간이 해오던 대부분의 일을 기계가 하게 되었다. 그 결과 생산성이 비약적으로 높아진 것은 분명하다. 하지만 인간만이 할 수 있다고 여겨지던 '창조적'인 일까지 인공지능이 하게 된다면 인간은 어떤 일을 해야 할까?

컴퓨터는 불평 한마디 없이 정확하고 신속하게 일을 처리한다. 의욕이 떨어져 생산성이 저하될 일도 없다. 극단적으로 기업가가 직원을 고용하지 않고 인공지능을 사용하여 사업을 한다고 생각해보자. 인공지능이 인간을 넘어선다면 인건비를 지불하고 직원을 고용하는 것보다 인공지능을 활용하는 편이 훨씬 합리적이고 생산적일 것이다. 뉴욕시립대학 대학원 캐시 데이비슨 교수의 예측에 따르면 인공지능의 급속한 발전으로 "2011년 미국의 초등학교에 입학한 아이들 중 65%가 대학 졸업 후 지금은 없는 직업에 종사한다."고 한다.

이뿐만이 아니다. 인공지능이 인간을 뛰어넘는다는 것은 인간이 인공지능을 만든 것처럼 인공지능도 인공지능을 만들 수 있다는 의미이다. 컴퓨터의 처리능력으로 인공지능이 더 뛰어난 인공지능을 만들게 된다면 인공지능은 폭발적으로 진화할 것이다. 지능이 무한하게 높은 존재가 출현할지도 모른다.

이것이 바로 싱귤래리티(Singularity, 기술적 특이점)인데, 혹자는 2045년에 싱귤래리티가 도래할지도 모른다고 이야기한다. 이는 소수의 의견이 아니다. 우주물리학의 권위자 스티븐 호킹 박사는 "완전한 인공지능이 개발된다면 인류는 멸망할지도 모른다."라고 말했고 마이크로소프트의 창업자 빌 게이츠도 "나는 인공지능의 위험을 경계하는 입장이다."라고 단언했다.

지능이 무한하게 높은 인공지능이 출현한다면 인간은 어떻게 될까? 경영은커녕 정치적·정책적 판단도 인공지능이 하게 되어 인간은 그저 판단에 따르는, 즉 지배받는 입장에 몰리게 될까?

스티븐 호킹이나 빌 게이츠와 같은 뛰어난 두뇌의 소유자마저 우려를 표명하는 이 문제에 대해 납득할 수 있는 반론을 내놓을 능력은 없지만, 그런 최악의 사태가 발생할 가능성은 매우 낮다고 생각한다.

인공지능 연구개발 분야의 선두주자 구글은 딥마인드 테크놀로지를 인수하면서 인공지능 윤리위원회를 설치했다. 일본의 인공지능학회에도 2014년에 윤리위원회가 설치되었다.

원자력과 마찬가지로 기술은 때로는 선하고 때로는 악하다. 공상과학 영화에서처럼 미친 과학자가 나타나 인공지능으로 세계정복을 꿈꾼다면 모를까, 인공지능의 존재 방식에 대한 논의가 시작된 이상 최악의 사태가 벌어지지는 않을 것이다.

우리는 누구나 인간의 존엄을 지키며 살기를 바란다. 인공지능과 어떻게 공존할 것인지에 대해서는 앞으로 진지하게 논의를 나눌 것이며, 인공지능×빅데이터를 활용하는 사람도 인공지능이 도출한 답을 무턱대고 따라서는 안 된다는 사실을 충분히 인식할 필요가 있다.

그래도 최종 판단은
인간이 한다

인사는 굉장히 예민한 문제다. 인공지능이 SNS에 쓴 글이나 메일 내용까지 확인하여 선발과 평가를 하게 된다면 거북하다고 느끼는 사람이 적지 않을 것이다. 아무리 합리적이라고 해도 인공지능이 내린 결정으로 인사이동이 이루어지거나 평가를 받고 경우에 따라서는 해고까지 당할 수 있다면 거부감을 가지는 것이 당연하다.

앞에서도 말했지만 인간의 능력이 언제 발휘될지는 아무도 모른다. 성적이 나쁘고 평가가 낮은 사람이 갑자기 눈부신 실적을 올리는 일도 가끔 있다. 그 가능성은 부정할 수 없다.

그보다 인공지능이 내린 답이 반드시 옳다고 할 수 없다. 예를 들어 일을 잘하고 좋은 실적을 내지만 인간성에 문제가 있어서 주변 사람들의 의욕을 떨어뜨리는 사람이 있다면 인공지능은 과연 어떻게 평가할까?

인간은 효용만으로 판단을 내리지 않는다. 실적이 뛰어나고 수입도 높고 주위에서도 존경받던 사람이 갑자기 하고 싶은 일이 있다며 회사를 그만두고 시골에 내려가는 이야기가 심심찮게 들려온다. 상사와의 관계가 좋지 않아 회사를 그만둔 사람도 있다. 컴퓨터와 달리 인간은 기술이나 인사 평가를 바탕으로 기술적 판단을 하는 장기짝이 아니다. 의외로 인간의 감각이나 직관은 무시하기 힘들다.

앞서 소개한 '도로보 군' 프로젝트의 아라이 노리코 교수는 인공지능 시대에는 '일생에 한 번뿐인 소중한 관계'를 알아볼 수 있는지가 무엇보다 중요하다고 말한다. 도쿄대학의 인공지능 연구자 마쓰오 유타카 교수는 인간에게는 컴퓨터에 없는 본능이 있다고 말한다. 인간의 본능에는 태고 때부터 인류가 축적한 경험도 포함되어 있다. 인공지능은 인간처럼 이런 것을 다 고려하여 판단하지 못한다.

물론 뇌가 전기회로인 이상 감정도 인공지능으로 재현되는 시대 혹은 DNA 해석이 발전하여 인공지능에 인간의 본능 수준의 정보까지 입력하는 시대가 올지도 모른다. 하지만 이는 아직 먼 미래의 일이다.

현 시점에서 인공지능이 내린 결론은 어디까지나 참고 의견일 뿐이다. 대부분 그대로 받아들여도 문제없지만 반드시 정답이라고 할 수는 없다. 최종적인 판단을 하는 것은 어디까지나 인간이다.

철학을 가진 인재를 육성하는
인사 전략

머지 않아 인공지능이 도쿄대학에 합격하는 시대가 오고, 인간은 지식이나 창의성 모두에서 인공지능과 경쟁하기 힘들어질 것이다. 그렇다면 인간의 마지막 보루는 무엇일까? 그것은 수치로 나타내기 어려운 가치관과 철학이 아닐까?

예를 들어 인기가 많은 음식점의 경영자 가운데 단호하게 체인점을 내지 않는 사람이 있다고 해보자. 사업적 판단으로는 체인 사업을 하는 것이 타당하겠지만 그렇게 하지 않음으로써 그는 자신의 맛을 지켜냈다고 할 수 있다. 이것이 바로 철학이다.

인사에 철학이 있다면 전략도 세울 수 있다. 인공지능이 전략을 세우는 것이 아니라 철학을 가진 인재를 육성하는 인사 방식이 전략을 수립하는 데 중요한 것이다.

철학이 다르면 결론도 달라진다. 당연히 전략도 달라진다. 따라서 경영자와 인사 담당자별로 철학과 전략이 다르기 때문에 인공지능이 내린 답을 그대로 따라서는 안 된다.

그렇다면 인사를 전부 인간의 감각으로만 하는 건 어떨까? 요즘 계산을 할 때 컴퓨터나 계산기를 쓰지 않는 사람은 없다. 길이를 잴 때 자를 사용하지 않고 자기 기준으로 재는 사람도 없을 것이다. 인공지능×빅데이터도 계산기나 자와 같은 도구라고 보면 된다.

과거 일본에서는 '인간은 합리적으로 딱 잘라 말하기 힘들다.'고 생각하는 경향이 강해 인사 문제를 과학적으로 접근하기가 어려웠다. 또한 과학을 보다 선명하게 전략이라는 형태에 적용해나가는 작업을 소홀히 해왔다. 하지만 앞으로는 보다 유연하고 복합적으로 사고하고 기술적인 진보를 받아들여 더 정밀도가 높고 효율적인 방법을 고려하되 최종적인 인사 판단은 인간이 하면 된다. 이로써 보다 정확하게 독자적인 전략을 세울 수 있는 가치 있는 인사를 실현할 수 있을 것이다.

활용 가능한 형태로 진화해온 인공지능×빅데이터를 도구로 활용하는 것은 어쩌면 인사에 대한 태도를 환기하는 절호의 기회라고 할 수 있다.

| CHAPTER 3 |

일본 인사제도의
문제점

*　*　*

기술혁신은 사람의 창의력에 달렸고 지식 사회와 지식 경영의 열쇠를 쥔 것 또한 인재이나. 그런데 일본에서는 혁신이 절묘한 사람 관리를 통해 발휘되는 창의력으로 만들어지는 기량이라고 생각한다. 사람의 능력을 100% 활용하는 것이나 의욕을 가지게 하는 것, 팀워크를 발휘하는 것 모두 인사나 리더의 암묵지, 개인의 능력, 지시의 성과, 센스의 문제, 혹은 인간관계에 따라 달라진다고 생각하는 것이다.

■

 지금까지 살펴본 것처럼 인공지능과 빅데이터는 현재 미국을 중심으로 급격한 속도로 인사 업무에서 활용되고 있다. 앞으로도 기술 발전에 따라 편리성과 정확성이 높아져 이용 분야가 더 넓어질 것이다.

 미국은 과학적인 경영 방식을 기반으로 빅데이터를 분석하고 인공지능을 활용하는 측면에서 세계 최고의 수준을 자랑한다. 기술 지원을 받은 인사 관리는 더 과학적이 되고, 나아가 스피드 경영과 스타트업을 추진하는 핵심 전략 무기가 될 것이다.

 기술혁신은 사람의 창의력에 달렸고 지식 사회와 지식 경영의 열쇠를 쥔 것 또한 인재이다. 동서양 모두 마찬가지다. 하지만 일본에서는 사람이 암묵지의 집합체이며 간단하게 숫자나 공식으로 표현하기 힘들다는 생각이 지배적이다. 사람의 능력을 100% 활용하는 것이나 의욕을 가지게 하는 것, 팀워크를 발휘하는 것 모두 인사나 리더의 암묵지, 개인의 능력, 지시의 성과, 센스의 문제, 혹은 회식을 포함한 인간관계에 따라 달라진다고 생각한다. 그리고 실제로도 그것이 상식적인 행동이었다. 혁신이란 이처럼 절묘한 사람 관리를 통해 발휘되는 창의력으로 만들어지는 기량이라고 생각한 곳이 바로 일본이다.

지금까지의
인사 관리 문제

　디지털화, 인공지능×빅데이터의 진전에 따라 혁신이 사람 관리를 통해 이루어진다는 일본적 사고방식이 잘못되었다는 생각이 널리 퍼지기 시작했다. 빅데이터를 바탕으로 한 데이터 분석이나 인공지능 기술을 통해 '암묵지'의 형태로만 존재하던 지식의 영역이 가시화되고 '형식지'화 되는 시대가 되었기 때문이다. 암묵지로 관리하던 인사 영역이 이제는 보다 정확하게, 누구나 알 수 있게 드러나게 된 것이다.

　인사의 본래 목적이 인재를 100% 활용하고 기업이 '지식창조기업'이 되는 길을 지원하는 것이라면 이런 변화는 크나큰 패러다임의 전환이라고 할 수 있다. 마침내 인사도 암묵지 위에서 현실에 안주할 수만은 없게 된 것이다.

　지나치게 암묵지에 의지하는 아날로그적 인사 관리가 아니라 빅데이터를 활용한 데이터 사이언스의 영역에서 인공지능을 구사하여 시뮬레이션을 하는, 이제까지의 인사와는 완전히 다른 세계가 기다리고 있다. 이것이 사람의 암묵지를 보다 효율적으로 끌어내고 활용하는 수단이 된다. 인사는 같은 목적을 완전히 다른 수단으로 이용할 수 있게 되며 그것이 기업의 경쟁력으로 직결되는 시대가 될 것이다.

이 장에서는 새로운 인사 관리에 대해 생각하기 전에 지금까지의 인사관리가 얼마나 아날로그적이었는지, 어떤 문제를 가지고 있었는지에 대해 살펴보겠다.

제도와
개별 인사의 충돌

일본 인사부의 관심은 제도 설계에 있는가, 아니면 개별 인사에 있는가. 아마도 대부분의 조직에서는 제도 설계가 인사의 많은 부분을 차지할 것이다. 인사제도 개혁, 인사제도 설계, 평가제도 설계, 교육체계 설계, 복리후생 제도 설계 같은 것들 말이다. 이것이 인사 전략을 구성하는 요소라고 할 수 있다. 당연히 전략 책정은 인사의 대표적인 업무로 인식된다. 그것은 복잡한 제도 설계 지식이 필요한 사무 업무로, 공장이나 현장에서 땀 흘릴 필요도 없다.

하지만 기획 관련 전략적 업무가 대표적인 인사 업무가 되면서 사람 자체를 관리하는 업무가 줄어들었다. '사람이 전부'라고 말하면서도 누가 누구인지 모르는 채 제도 설계가 이루어지게 된 것이다. 외주 컨설턴트에게 전부 맡긴 채 관리만 하면서 기획 업무를 하고 있다고 착각하는 인사기획 담당자도 있다.

기획 중심 인사가 주류가 되기 전에는 인사 관리 담당자에게 머리만이 아니라 체력과 감성이 필요했다. 현장에 나가서 많은 사원과 대화를 나누고, 책임자와 전략에 대해 토론하여 미래 핵심역량 기술과 암묵지를 이끌어내고, 관리자들의 어려움을 들으며 신뢰관계를 쌓았다.

이런 활동을 통해 조직의 중심이 되는 인물이 누구인지 알아내고 그들을 어떻게 활용하고 육성할 수 있을지를 고민해 부서간의 인사 교류를 뒤에서 지원했다. 현장을 돌아보며 조직의 활성도를 피부로 느끼고, 제도로 해결할 수 없는 부분은 개별적인 시책을 세워 조정했다. 좋은 인재가 일선에서 밀려났다면 다음 기회를 주고, 조직에 병폐가 있다면 손 쓸 수 없는 상태가 되기 전에 부서의 장과 상담하여 문제를 해결했다.

이와 같은 개별 인사는 암묵지적인 관리의 전형적인 예다. 인사 담당자나 인사부장은 각각의 네트워크로 사원들을 결속시키고 노하우를 공유하는 매개 역할을 했다. 그리고 암묵지로서 절묘한 인사를 하는 노하우를 익혔다. 따라서 인사 담당자는 각각 다른 노하우와 요령을 터득하고 설명하기 힘든 직관으로 올바른 판단을 하여 평판을 얻었다. 그랬기 때문에 어떤 의미에서는 무서운 존재이기도 했다.

제도를 중요시하는 인사가 힘을 얻고 인사 평가가 현장 주도로 이루어지면서 이런 개별 인사 업무는 단순한 서비스나 방문 판매와 같은 업무가 되어갔다. 게다가 현장에 깊이 관여하면서 만든 암묵지 중심 인사는 기업이 세계 무대로 진출하면서 물리적인 한계에 부딪치게 되었다. 인사 담당자가 전 세계를 돌아다닐 수는 없기 때문이다. 충분한 수의 인사 담당자를 세계 각지에 배치하지 못하면 성립되지 않는 시스템이 되어버린 것이다.

현장의 사정도 바뀌었다. 지금까지와는 비교하기 힘들 정도로 업무의 다양화가 진행되었다. 외국인 사원, 여성 사원, 경력직, 계약 사원 등 서로 입장이 다른 사람들이 같이 일하는 상황에서 개별적인 안건을 판단하여 지원하는 일의 근거를 어디서 찾아야 할지도 애매해졌다. 개별 인사의 핵심 기능인 조직의 의견 수렴 기능도 인사 담당자의 개인기로는 더 이상 감당하기 어려워졌다.

결과적으로 일본의 인사부는 현장에서 괴리된 존재가 되었다. 까다로운 현장의 실태와 마주하지 않고 현장과 괴리된 기획만 하는 존재가 된 것이다. 그리고 글로벌한 제도는 사내에서 감당하기 어려웠기 때문에 컨설턴트에 맡기고 기획부서로서 회사의 핵심 역량은 고려하지 않고 타사와 비슷한 제도를 도입했다. 결과적으로 회사 실정에 맞는 적확한 운영이 이루어지지 않고 실패하는 경우가 많았다.

세계화와 다양화라는 환경 속에서 개별 인사는 어떻게 운영해야 할 것인가? 이것이 바로 아날로그적 암묵지에 의지해온 일본의 인사부 앞에 던져진 과제다. 이 문제를 해결할 열쇠가 바로 인공지능×빅데이터다.

문제 2

조직과
개인의 균형

일본 조직의 특징 중 하나는 집단주의, 다르게 말하면 사원의 조직 중시 경향이다. 즉 직원은 죽을 힘을 다해 회사를 위해서 일하는 자세를 보여왔다. 이는 조직이 하나가 되어 구미 선진국들을 따라잡기 위해 전력 질주하던 1970년대까지의 고도성장기에 형성된 조직 문화라 할 수 있다. 그리고 이를 뒷받침하는 인사제도가 시너지 효과를 발생시켜 사원들의 가치관에도 영향을 주었다.

이런 상황에서는 집단의 화합을 유지하고 모두가 한 방향을 바라보고 나아가게 하는 것이 인사부의 중요한 업무였다. 이를 위해 보수는 공평하게 보이도록 배분하면서도 약간의 격차를 두어 보다 많은 사람이 만족하도록 만드는 균형 감각이 중요했다. 인사이동에서는 개인의 의사와 상관없이 모두를 공평하게 이동시켜서 다양한 방면에서 일할 수 있는 제너럴리스트로 육성했다. 모두가 서로의 업무를 파악하여 배려하고 도울 수 있는 능력을 키운 것이다. 종신고용과 연공서열도 고용과 승진의 안정성을 보증했기 때문에 다소 불만이 있어도 조직에 순응하는 태도를 취하게 만드는 정책이라고 할 수 있다.

이처럼 1990년대 전반까지는 인사가 어떤 의미에서 명확한 방향성을 가진 존재였고 일본적인 경영과 가치관의 수호신이기도 했다.

하지만 1990년대 후반 거품경제 붕괴로 상황은 완전히 달라졌다. 연공서열과 종신고용 정책 아래 쌓여가던 병폐를 철폐하여 인건비를 감축하려는 성과주의가 개인의 능력을 존중한다는 미명 아래 일본 전역에 일제히 도입되었다.

그러나 과잉 집단주의가 만연하던 일본에서 성과주의가 금세 제대로 운용될 리 없었다. 당연히 많은 문제가 발생했다. 이제까지 팀플레이로 업무를 진행해오다가 갑자기 개인의 목표와 성과를 평가한다고 하니 많은 사람이 납득할 만한 평가 결과를 내놓기가 힘들었다. 개인주의적 행동을 하는 사원이 등장했고, 직장 내의 행사도 줄어들면서 일체감이 사라지는 등 조직의 공동체적 기능이 제대로 작동하지 않아 정신적인 면을 포함해 많은 문제가 발생했다.

그 후 약 20년이 흘렀지만 개개인의 노력이 제대로 보상을 받거나 연공과 상관없이 능력을 마음껏 발휘할 수 있는 풍토는 아직 마련되지 않았다. 오히려 해가 갈수록 피폐해지는 경향을 보인다. 직장의 다양화가 진행되었고 세대적으로도 개인적 경향이 강해진 상황에서 인사부는 갈

피를 못 잡고 있다. 성과를 내는 데 급급하여 조직의 성과와 개인의 보람을 양립시키는 기본 방침조차 아직 내놓지 못했다.

그렇다면 어떻게 해야 개인을 존중하면서 집단에 활력을 불어넣을 수 있을까? 개인이 자발적으로 집단의 의사 결정이나 합의 형성에 참여할 수 있는 토양과 그런 토양을 만드는 조직의 유연성, 혁신 능력이 무엇보다 필요하다. 성과주의 인사는 개인을 중요시하고 혁신을 추진한다고 하지만 결국 인사 주도의 강압적이고 딱딱한 제도일 뿐이다. 요즘과 같이 목표 수치만 높아질 뿐 진정한 의미에서 개인을 활용할 수 있는 시스템은 작동하지 않는 것이다.

개인이 더 활발하게 참여하기 위해서는 인프라와 함께 개인의 능력을 집약하여 집단지성으로 활용할 수 있는 장치가 필요하다. 모두가 아이디어를 내고 조직을 만들어간다는 주인의식도 뒤따라야 한다. 따라서 SNS 활용과 같은 정보 공유를 통해 집단지성과 개개인의 자발적인 상호작용을 촉진하는 오픈 리더십을 인사부가 어디까지 추진할 수 있을지가 관건이다. 이 해결의 열쇠를 쥐고 있는 것이 바로 인공지능×빅데이터다.

문제 3
암묵지 경영과
다양성의 충돌

일본의 경영은 원래 암묵지가 주도하는 형태였다. 좋은 의미에서 풍부한 현장 경험과 팀 경험 공유, 공동체 문화의 공유, 세상과 사람을 위한 공동체 의식 같은 암묵지의 형성과 공유가 특징이다. 이를 통해 수준 높은 판단력과 높은 도덕의식을 가지고 환상의 호흡으로 일을 해나갔다.

하지만 동시에 조직 안에서만 통용되는 암묵적인 전제와 은어가 난무하고 파벌과 조직의 유착이 발생하기 쉽다. 외부인을 배척하는 편협한 파벌주의가 판을 치고, 조직 내 부서들이 자신의 입장을 고집하면서 분열이 일어난다. 조직에 불필요한 부분이 발생하고 실적을 바탕으로 한 공평한 인사가 이루어지지 않는다.

이렇게 암묵지로 운용되는 인사 관리는 암실 인사, 일관성 없는 인사, 목소리 큰 사람이 이기는 정치적인 이동과 평가, 효과 검증 없이 유지되는 교육 체계, 구태의연한 복리후생 등으로 귀결된다.

특히 다양화가 진행되면서 암묵적인 전제를 공유하지 않는 사원들이 공통의 의식을 가지고 같은 방향으로 나아갈 수 있는 방법을 찾아야 한다. 이를 위해서는 무엇보다 제대로 된 설명이 중요하다. 하지만 오랫동안 암묵지 형태로 인사를 해왔기 때문에 인사 담당자도 현장의 일 처리 방식이나 제도에 대해 제대로 설명할 수 없다는 문제가 발생한다. 결과적으로 이론이나 이유 없이 인사를 관리하다 보니 현행 제도를 정당화하기 위해 무리한 설명을 하게 되고 합리적인 판단이 이루어지지 않게 된다. 아무것도 없는 상태에서 무엇이 합리적인지를 검토하여 새로운 시스템을 구축해야 할 때에도 악습을 답습하기 십상이다. 사고 정지 상태가 되어버린 것이다.

이와 같은 폐해는 암묵지를 형식지의 형태로 만든다고 해서 없어질 문제가 아니다. 평가 기준과 인사이동 규칙을 명확히 하고 교육과 복리후생 효과를 측정하는 기준을 제대로 만든다는 안이한 대책은 지금까지 많은 기업이 시도해왔다. 하지만 이것은 자기 위안 혹은 보여주기식 공평성 확보를 위한 위선적인 알리바이 만들기에 지나지 않는다. 인사의 대상인 사원들도 전혀 신용하지 않는다. 이런 표면적인 장치를 만들어도 현실적으로 중요한 평가와 판단은 인사 담당자나 관리직에 있는 사람의 능력에 기댈 수밖에 없다는 사실을 모두 알기 때문이다.

암묵지 인사의 근간이 한정적인 공간과 한정적인 합리성을 허용하는 개인의 의사결정이라는 사실은 변하지 않는다. 따라서 인사 담당자나 관리직에 있는 개인의 직감적이고도 경험적인 암묵지가 아니라 지속 가능하고 비교 가능한 객관적인 데이터로 판단하여 가장 적합한 충고를 할 필요가 있다.

인사 판단을 검증 가능한 형태로 과학적으로 수행하여 개개인을 불행하게 만들지 않으며, 다양한 사람의 지혜를 결집하여 신뢰할 수 있는 열린 인사 관리 시스템을 만드는 것이 무엇보다 중요하다. 그것이 다양한 지식을 함께 창조해나가는 21세기에 인사가 해결해야 할 가장 중요한 문제다. 데이터 사이언스를 도입하는 열쇠는 당연히 인공지능×빅데이터가 쥐고 있다.

문제 4
성과주의와
본질 추구의 양립

　현재 일본 기업의 평가제도는 미국이나 유럽 이상으로 단기 선호 경향
이 짙어지고 있다. 이전의 연공서열에 바탕을 둔 종합 판단, 미조정형 성
과주의를 대신하여 초단기적인 핵심성과지표(Key Performance Indicators)
를 중시하는 결과주의형 성과주의가 등장했다. 이익이란 결과에 지나지
않는다.

　경영자는 고객의 만족과 혁신, 그리고 꾸준한 노력이 가장 중요하다고
말하지만 실제로는 조직의 비전, 혁신에 대한 선행 투자, 전진을 위한 착
실한 연구나 노력은 뒷전에 밀려나 있다. 이런 것에는 신경도 쓰지 않고
'눈에 보이는 결과'만으로 평가하는 기업이 많다. 항상 눈앞의 성공을 놓
쳐서는 안 된다고 생각하는 것이다. 조직과 개인 모두 조금이라도 긴장
을 늦추면 상대평가에서 뒤처져 승진에 영향을 받기 때문이다.

그 결과 조직에는 눈앞의 이익만 추구하는 사원들로 가득 차게 된다. 이런 경향이 짙어지면 깊이 생각하지 않고 본질에서 멀어지게 되며, 장기적인 성과는 뒷전이 된다. 사원의 중·장기적 성장, 리스크 테이킹(위험 감수), 조직의 여유, 조직적인 지식의 축적, 시장 개척을 위한 인맥 형성 등도 뒤로 미뤄진다.

왜 이처럼 단기적인 성과와 표면적인 수치만 우선시하며 장기적인 노력과 본질적인 과제에 대한 연구는 소홀히 하는 것일까? 그 이유로 자본시장의 주가 유지 압박을 생각해볼 수 있다. 수익력이 상당한 비즈니스 모델, 재무 기반이 탄탄한 조직, 배포 큰 경영자가 없다면 자본시장의 압박을 무시하기 힘들기 때문이다.

많은 기업이 대기업과 아슬아슬한 경쟁을 벌여야 하기 때문에 여유가 없다. 그런 상황이다 보니 한계 기업은 위급한 상황에서 나오는 초인적인 힘으로 상황을 이어간다. 살아남지 못하면 내일이 없기 때문에 어떤 상황에서도 살아남기 위한 인간의 저력이 발휘된다. 하지만 이것은 순간의 위기를 극복하고 찰나의 대처를 반복하는 행위일 뿐이다.

기업은 데이터를 수집하는 습관을 기르지 않았기 때문에 제대로 평가하고 지식을 축적하고 분석하는 지혜를 잃어갔다. 감각이나 직감, 근거 없는 자신감에 기댈 수밖에 없는 시대에 뒤떨어진 경영이 이루어졌다. 본질적인 과제와 장기적인 목표를 추구하는 지적인 자세를 잃어버린 것이다. 스스로 초래한 찰나적인 기업 풍토가 단기적인 성과와 표면적인 수치만 생각하는 반지성주의적 경영과 인사를 조장한 것이다.

인사평가에서 항상 나오는 불만 가운데 하나는 목표 설정의 난이도가 불공평하다는 점이다. 부문 간 목표의 난이도나 개인 간 목표의 난이도 차가 항상 문제의 불씨가 된다. 완전히 같은 조건에서 비교하기란 불가능하겠지만, 목표의 난이도 차에 대해 과연 과학적인 접근이 이루어지고 있을까? 정성 목표나 과정 평가에서 다루는 목표와 행동지표가 감각적으로 설정된 것은 아닐까? 어떤 것이 중요하고 달성 가능할 것 같다는 감각적인 설정으로는 실제로 그러한 설정이 기업이나 조직의 목표로 이어지는지를 확인하기 어렵다.

프로세스의 혁신 없이는 달성할 수 없는 높은 수치의 목표를 내걸면서도 실제로는 과정 평가의 지표가 일상 업무만 평가하기 때문에 시대에 뒤처진 상황을 조장하는 경우도 많다.

높은 목표와 과정의 인과관계를 파악하지 못한 채 단순한 균형의 문제로 보고 결과와 과정, 정량과 정성을 양립시키는 것은 이상한 상황이다. 결국 목표 수치는 어떻게든 달성된다 해도 과정 평가는 조금도 진행되지 않는다. 개인의 성장이나 조직의 지식 함양에 도움이 되지 않는 평가가 연중행사로 곳곳에서 이루어진다.

이와 같은 현상은 교육, 채용, 인사이동 모든 분야에서 나타난다. 데이터 분석이 이루어지지 않은 상태에서 담당자의 감각만으로 성과로 이어질 것 같다고 생각되는 지표가 결정된다. 이에 따라 교육 프로그램이 만들어지고 채용과 인사이동이 이루어진다. 절차, 기준, 서식이 정해져 있기 때문에 객관적으로 보이지만 실제로는 인사 전문가와 경험이 풍부한 관리직의 암묵지를 바탕으로 한 경험에 따라 결정될 뿐이다.

찰나주의적 인사에서 벗어나 보다 결실을 맺을 가능성이 큰 프로세스를 발견하고 그 과정을 위해 조직과 자원을 배분하는 지적 관리를 하지 않는 한 아무리 시간이 흘러도 단기적인 성과 지향에서 벗어날 수 없다. 빠른 시일 내에 지적 관리 부문을 구축하고 피폐한 조직에서 탈피하여 혁신기업이 되려면 어떻게 해야 할까? 조직 활동을 더 효율적으로 만드는 지적 경영의 답은 바로 인공지능×빅데이터에 있다.

다시 시작하는
인사

　이제까지 살펴본 것처럼 일본의 인사를 둘러싼 네 가지 문제는 1990년 대 이후 점점 더 일본 기업의 발목을 잡아버렸다. 결국 성장 전략을 세우고 혁신을 추진하여 지식창조기업이 되는 기회를 놓쳐버렸다.

　5장 뒷부분의 표 '인사의 현황과 미래'에서는 이 네 가지 문제가 각 인사 기능에 어떻게 작용했는지를 개관했다. 물론 혁신을 추진하는 기업에 적합한지에 대해 엄격하게 평가했다. 자사의 인사 상황을 꼭 한번 확인해보길 바란다.

　그리고 이 네 가지 문제를 해결하기 위해 최신 인공지능×빅데이터를 어떻게 활용해나갈지 다음 장부터 검토하겠다.

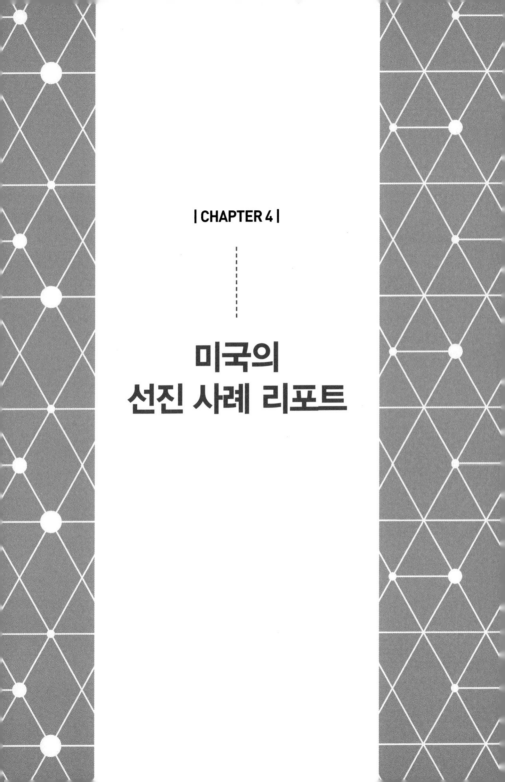

| CHAPTER 4 |

미국의
선진 사례 리포트

＊＊＊

미국에서 유망 벤처기업이 계속 탄생하는 것은 인큐베이션 시스템이 정비되어 있기 때문이다. 학생들이 유망한 비즈니스 아이디어를 제출하면 비즈니스화 계획서 작성을 전면적으로 지원한다. 계획서 단계에서 탈락하는 아이디어도 많지만, 인큐베이션 과정을 통과하면 출자를 거쳐 벤처기업 활동을 시작할 수 있다. 이 시스템을 통해 기술 개발의 지원뿐만 아니라 경영, 사업이라는 비즈니스 능력도 키울 수 있다. 기술을 전공하는 우수한 학생이 이른바 '전문 분야만 아는 바보'가 아니라 경영자로 성장할 수 있는 토양을 만들어주는 것이다.

■

인사 선진기업은 어떻게 인사제도를 관리하고 있는가 하는 물음에 명확히 대답해줄 정보가 현재로선 거의 존재하지 않는다. 구직자에게 자사의 매력을 알리기 위해 인재 육성 커리큘럼 같은 제도적 장치를 공표하는 경우는 있어도 노하우와 구체적인 시책은 극비에 부쳐진다. 공표해서 타사가 모방한다면 자사의 채용 활동이 불리해지기 때문이다.

유일한 예외가 바로 구글이다. 구글의 라즐로 복 인사담당 수석부사장은 구글의 채용, 육성, 평가에 대해 『구글의 아침은 자유가 시작된다』라는 책에서 상세하게 밝히고 있다. 구글의 인사 시책 가운데 참고가 될 만한 내용 일부를 모방할 수는 있지만 세계 최고의 직장이라 불리는 구글의 인사를 전부 모방할 수는 없다는 자신감이 드러난 책이라고도 할 수 있다.

이 가운데 특히 구글의 앨런 유스타스 엔지니어링·연구담당 수석부사장의 말이 인상적이다. "일류 엔지니어에게는 평범한 엔지니어의 300배 이상 가치가 있다. (중략) 뛰어난 과학기술자 한 명을 잃는 것보다는 공학부 대학원생 한 반 전체를 잃는 편이 낫다." 우수한 인재 채용과 그 능력을 발휘할 수 있는 환경 조성을 위해 힘쓰는 구글의 분위기가 잘 드러난 말이다.

합리적이고 과학적인
구글의 인재 채용 방식

구글의 채용 활동은 매우 합리적이고 과학적이다. 사업 초기부터 한 명의 면접관이 아니라 위원회 방식으로 복수의 면접관이 지원자를 면접하는 경우가 많았다. 면접관 한 명이 항상 올바른 판단을 하기란 불가능하다는 생각 때문이었다. 중요한 것은 이러한 직관이 2007년에 시행한 '집단지성' 연구에서 정식화되었다는 점이다.

구글은 일본처럼 면접에서 대답한 내용만으로 입사 지원자를 판단하지 않는다. 신분 조회와 함께 지원자 추적 시스템을 구축하여 지원자의 이력서를 구글 기존 직원의 이력서와 대조하여 중복된 내용이 있으면 그 직원에게 메일을 보내서 지원자에 대한 평판을 확인한다. 이렇게 수집한 모든 정보를 지원자 한 명당 50쪽 정도의 지원자 서류로 정리하여 채용위원회가 검토한다.

불합격한 지원자의 서류는 재검토하여 잘못된 판단이 없었는지 평가한다. 그리고 잘못이 있었을 때 수정할 수 있는 '재평가 프로그램'을 개발한다. 특정 직무를 수행하는 전 사원의 이력서를 가장 공통점이 많은 키워드를 찾아내는 알고리즘에 적용하는 방식으로 키워드 리스트를 검토하고 시스템을 보완해나간다. 이를 불합격자의 이력서와 대조하여 지원 서류를 재검토하는 것이다.

이 같은 내용은 『구글의 아침은 자유가 시작된다』에 나오는 구글 채용 방식의 아주 일부에 불과하지만, 이것만으로도 구글이 우수한 인재를 채용하기 위해 얼마나 오랜 시간과 비용을 들여 객관적인 시스템으로 평가하고 있는지 알 수 있다. 지금은 인공지능×빅데이터의 활용이 새롭게 이루어지고 있을지도 모른다.

이러한 모습은 효율화와 비용 감축에 매달리는 일본의 인사와는 정반대라고 할 수 있다. 아무리 생각해도 일본 기업들이 구글보다 유능하고 우수한 인재를 발굴할 가능성은 낮게 느껴진다.

미국 벤처기업의 산실
인큐베이션 시스템

이 책을 집필하기 전에 세계의 최신 동향을 파악하기 위해 미국으로 취재 여행을 떠났다. 방문한 곳은 인공지능×빅데이터 기술을 활용한 인재 서비스를 제공하는 벤처기업들이다. 정보기술(IT)의 본고장답게 미국에는 인공지능×빅데이터를 활용하는 벤처기업이 계속해서 등장했다.

각 개인에게 알맞은 경력을 쌓을 수 있는 최적의 기업 소개, 어학 학습, 비판적 사고력 테스트 등 사업 내용도 다양했다. 그들은 이런 서비스를 준비하는 동안에도 꾸준히 연구개발을 진행했다. 펀드 투자를 통한 사업 자금 또한 일본 기업과는 비교가 안 될 정도로 풍부했다.

이처럼 미국에서 계속 유망 벤처기업이 탄생하는 가장 큰 이유는 '플러그 앤 플레이(Plug and Play) 스타트업 캠프' 같은 인큐베이션 시스템이 정비되어 있기 때문이다. 인큐베이션 시스템은 학생들이 유망한 비즈니스 아이디어를 제출하면 비즈니스화 계획서 작성을 전면적으로 지원한다. 계획서 작성 단계에서 탈락하는 아이디어도 많지만, 인큐베이션 과정을 통과하여 출자를 받으면 벤처기업 활동을 시작할 수 있다.

인큐베이션 시스템을 통해 기술 개발의 지원뿐만 아니라 경영, 사업이라는 비즈니스적인 능력도 키울 수 있다. 기술을 전공하는 우수한 학생이 이른바 '전문 분야만 아는 바보'가 아니라 경영자로 성장할 수 있는 토양을 만들어주는 것이다.

더욱 중요한 것은 미국의 벤처기업이 제공하는 서비스를 미국의 다른 기업들이 이용하고 있기 때문에 이용자 수, 고객 수가 꾸준히 늘고 있다는 점이다. 서비스를 제공하는 측과 이용하는 측이 수레의 두 바퀴가 되어 움직이기 시작했고, 인공지능×빅데이터 활용이 확실한 사업으로 자리 잡기 시작했다.

이제부터 인공지능×빅데이터 기술을 인사에 활용한 미국의 최신 비즈니스 상황에 대해 소개하겠다. 대부분 낯설고 생소한 내용이지만 모두 현재 진행 중인 것들이다. 이들은 인공지능×빅데이터 기술을 이용하여 인사를 변화시키고 있는 기업의 극히 일부로, 이들이 미국의 비즈니스 최전선에서 뛰는 기업의 전부라고 오해하지 않기를 바란다. 벤처기업의 본고장 미국에서는 무수히 많은 기업이 새로운 비즈니스에 몸을 담고 있고, 지금도 여전히 새로운 비즈니스가 등장하고 있다.

프레딕트

개인과 직종의
매칭도 점수화

앞에서 뉴욕의 벤처기업 파이메트릭스가 제공하는 인재 매칭 서비스를 소개한 바 있다. 게임을 이용하여 행동특성 데이터를 측정해 해당 개인에게 가장 적합한 기억을 소개하는 서비스 말이다.

샌프란시스코에 있는 프레딕트(Predikt)는 실리콘밸리의 인큐베이터로 주목받는 '플러그 앤 플레이 스타트업 캠프'에 선정되어 창업한 기업이다. 2015년 8월 기준으로 사원 수는 세 명이다. 이 세 명이 각각 '비즈니스', '인공지능', 'API 인프라'라는 세 가지 전문 분야를 담당한다.

구체적으로 사업 내용을 살펴보면 프레딕트는 인재의 이력서 정보에서 어떤 일을 선택해야 할지를 산출하고 더 상세한 직종과의 매칭도를 점수화하여 헤드헌팅기업에 제공하는 서비스를 한다.

프레딕트는 기업과의 매칭은 일절 하지 않는다는 특징이 있다. 구체적인 포지션과의 적합도를 측정하는 일이 개인의 경력에 유효하다는 신념이 있기 때문이다. 프레딕트는 진정한 의미의 '취직(就職)', 즉 '특정 직종에 종사한다.'는 의식을 갖고 있다.

예를 들어 미국에서는 '데이터 사이언티스트' 정도의 대략적인 설명이 이루어지는 것이 일반적이다. 하지만 프레딕트는 한마디로 '데이터 사이언티스트'라고 해버리면 통계처리를 하는 사람인지, 인공지능 프로그래머인지 알 수 없기 때문에 기업과 이직 희망자 모두에게 큰 기회 손실이라고 생각한다. 그래서 정밀하게 직종을 정의한다. '프로그래밍 언어 파이썬을 이용하여 인사에 인공지능을 활용할 수 있는 데이터 사이언티스트' 정도까지 직종을 특정화해 기업과 이직 희망자 양쪽의 만족도를 높이는 것이다.

이 회사는 공개된 방대한 양의 이력서 정보를 컴퓨터가 읽어들이고 자연언어처리 기술로 데이터를 처리한 후 딥러닝 기술을 통해 어떤 직종과 잘 매칭되는지 확인한다. 데이터가 충분하다면 데이터의 정밀도를 높이기 위해서, 많은 노이즈가 포함된 이력서라면 그 특성을 추려내기 위해서 딥러닝 기술을 이용한다.

이런 과정을 통해 얻은 이직 희망자에게 적합한 직종 데이터는 우선 이직 사이트의 부대 서비스로 이용되고 있다. 매칭의 정밀도를 높이고 싶은 이직자도 이것을 이용한다.

실제로 이력서 필터링 작업은 헤드헌팅기업이 굉장히 하기 힘든 일이다. 이 작업을 인공지능에게 맡길 수 있다면 업무는 한결 효율적으로 이

루어질 것이다. 현 시점의 기술로는 헤드헌팅기업의 인사부 업무를 90%
정도 줄일 수 있다. 헤드헌팅기업이 모집하는 직종에 지원한 사람들의
이력서를 프레딕트에 보내면 이력서와 상세 직종을 매칭하여 순위를 작
성하는 서비스를 제공한다.

현 시점에서 프레딕트의 주력 사업은 당사가 만든 매칭 엔진을 인재 관
련 대기업에 제공하는 서비스다. 프레딕트는 API(Application Programming
Interface : 소프트웨어의 기능이나 관리하는 데이터 등을 외부의 다른 프로그램에
서 호출하면 이용할 수 있도록 한 기술) 인프라를 적극적으로 구축하여 다양한
기업의 엔진이 되고, 미래에는 독자적인 플랫폼을 민드는 것이 목표다.
그리고 미국에 있는 기업의 웹페이지를 크롤링하는 기술로 독자적인 플
랫폼에 올라온 이력서를 이용하여 개인의 장래 경력에 유효하다고 판단
되는 매칭을 하는 것도 고려하고 있다.

미네르바 스쿨

실제 커뮤니티×
온라인 강의

샌프란시스코의 미네르바 스쿨(Minerva School)은 캠퍼스에 있는 강의실에 가서 수업을 듣는 지금까지의 대학과는 크게 다르다. 학기별로 다른 도시의 기숙사에서 머물면서 커뮤니티를 만들어 온라인 강의를 듣는 새로운 방식의 대학이다.

이 대학은 2011년에 발표된 한 조사 보고서를 계기로 만들어졌다. 조사 대상 학생 2,300명 중 45%가 비판적 사고와 복잡한 문제를 파악하는 역량이 대학 2년간 거의 향상되지 않았다는 사실이 보고서에서 밝혀졌던 것이다. 그 결과 기존 대학 교육의 한계가 문제시되었고, 새로운 대학 교육의 존재 방식을 추구하는 미네르바 프로젝트가 출범했다. 그리고 2014년 미네르바 스쿨이 설립되었다.

2015년도 2기생 모집에는 약 1만 1,000명의 수험생이 응시한 가운데

220명만 입학 허가를 받았다. 이 중에서 37개국 120명이 입학했다. 1기생 입학생이 30명에 조금 못 미쳤다는 사실을 상기하면 꾸준히 성장하고 있음을 알 수 있다. 미네르바 프로젝트는 수년 후 학생 수를 약 7,000명까지 늘리는 것을 목표로 하고 있다고 밝혔다.

미네르바 스쿨은 전 세계의 우수 인재 육성이라는 측면에서도 의의가 크다. 하버드대학 등 미국 대학 전체 학생의 약 90%가 미국인으로, 장소적인 제약이 있는 상황이기 때문이다. 미네르바 스쿨 학생 중 미국인은 약 20% 정도다. 이 수치를 통해 배움의 장을 원하는 전 세계의 인재들이 모여든 것을 알 수 있다.

미네르바 스쿨에서는 세미나 형식의 소수정원제로 수업을 한다. 수업의 기본 목적은 개인의 역량을 키우는 것이며, 수업별로 학습도달도를 나타내는 평가기준표 '루브릭(Rubric)'을 교수와 학생이 공유하여 학생의 수업 습득 여부를 확인할 수 있는 시스템이 구축되어 있다. 모든 수업이 취업 활동에 어떤 영향을 주는지도 명확히 제시된다.

1학년의 모든 수업은 실시간 온라인 수업으로 진행되는데, 이런 수업 방식은 인간의 학습 능력 연구를 바탕으로 설계되었다. 투표, 토론, 소수 그룹 과제 연습 등이 항상 온라인 수업 시간에 이루어진다.

온라인으로 수업을 하는 유명한 서비스 무크(MOOCs)도 있지만, 무크와 다른 점은 학생들이 함께 도시를 이동하면서 같은 공간을 공유한다는 점이다(무크에 대한 자세한 내용은 7장 참조). 그럼에도 수업을 온라인 형식으로 진행하는 이유는 빅데이터를 수집하기 위해서다.

한 학생이 수업 중 언제 몇 분 정도 발언했는지, 발언에 대한 교수의 의견은 무엇인지, 수업 중에 이루어지는 투표에 참여했는지 등이 전부 개인별로 데이터화되어 학생 본인도 나중에 확인할 수 있다. 이렇게 수집된 데이터는 앞으로 인공지능 분야의 기계학습을 활용하여 방법론, 각학생에 대한 피드백, 직무 경력에 활용되도록 응용할 구상이다. 미네르바 스쿨의 목표는 인공지능×빅데이터 기술로 학생 한 명 한 명을 세심하게 관리할 수 있는 교육을 실천하는 것이다.

복시

제2외국어 교재의
자동 생성

　뉴욕의 복시(Voxy)는 기업 등을 대상으로 글로벌 비즈니스 실무에 바로 활용할 수 있는 영어 학습 서비스를 제공하는 회사이다.

　오늘날 글로벌 기업의 공용어는 영어다. 영어를 하지 못하면 업무가 제대로 진행되기 어려울 정도다. 그런 만큼 영어 교육과 관련된 다양한 서비스가 사방에 넘쳐난다.

　하지만 영어 학습 서비스를 한 번이라도 이용해본 사람이라면 실용적인 영어교육이 효율적으로 이루어지지 않는다는 것을 잘 안다. 건설회사 영업사원이 자신과 관계도 없고 흥미도 없는 금융이나 쇼핑 관련 일상회화를 배우는 식이기 때문이다. 그러니 일상회화 정도는 하지만 전문용어를 쓰는 비즈니스 영어회화 단계가 되면 감당하기 어려워진다. 인사부가 영어회화 학원비 지원을 망설이는 것도 이런 이유 때문이다.

그래서 복시가 생각해낸 영어 학습 프로그램은 인공지능을 이용해서 배우는 사람에게 도움이 되지 않는 내용은 완전히 배제하고 개인의 일과 완전히 매치되는 영어 학습을 제공하는 것이다.

이 프로그램은 영어의 리딩 교재와 횟수 무제한의 구글플러스를 이용한 그룹 학습으로 구성되어 있고, 목적과 흥미가 있는 분야에 집중하여 학습할 수 있다. 기업이 이 영어 프로그램을 채용하면 학습의 목적과 각자 계속 공부할 수 있는 플랫폼을 직원들에게 제공하기 때문에 글로벌화를 추진하는 데 도움이 될 것이다.

복시는 정밀도를 높이기 위해서 자연언어처리 기술과 기계학습을 100% 활용하고 있다. 먼저 제휴를 맺은 블룸버그와 워싱턴포스트의 기사를 자연언어처리 기술로 해석하여 업계나 분야별로 태그를 단다. 그 후 기사를 바탕으로 자동적으로 문제가 생성되고 마지막에 편집하는 사람이 확인하는 순서로 문제 작성이 효율적으로 이루어진다.

물론 각 개인이 흥미를 가진 문제를 제공하기 위한 판단은 간단하지 않다. 그래서 본인이 흥미를 가지고 공부를 하는 부분과 그렇지 않은 부분을 데이터화하고 기계학습을 이용하여 앞으로의 문제에 반영함으로써 정밀도를 높인다.

이렇게 IT업계를 바라보는 사람이라면 IT, 금융업계를 지망하는 사람이라면 금융 하는 식으로 개인의 지망과 흥미에 맞는 교재를 선별하여 제공한다면 학습효과가 급격히 상승할 것이다. 일반적으로 교육 서비스에서 가장 중요하다고 하는 교재를 만드는 데 인공지능×빅데이터를 활용하는 것이다.

다만 영어 능력은 '듣기'와 '읽기'만으로는 충분하지 않다. 영어로 글을 쓰고 영어로 말을 할 수 있어야 한다. 이 부분이 복시의 앞으로의 과제다. 인공지능×빅데이터 기술로 가까운 시일 내에 깜짝 놀랄 만한 서비스가 실현될지도 모른다.

스팔시트
최고의 혁신 인재
골라내기

샌프란시스코의 스팔시트(SparcIt)는 방대한 양의 과거 조사 결과를 바탕으로 여덟 가지 간단한 게임 어세스먼트 툴을 개발하여 개인, 팀, 조직의 독창성 및 혁신력을 측정하는 테스트를 제공하는 벤처기업이다.

회사를 설립한 것은 '최고의 혁신을 일으킬 인재를 채용하기 위해서는 어떻게 해야 할까'라는 문제의식이 있었기 때문이다. 기본적으로 학력이나 경력을 보는 기존의 방법으로는 최악의 채용 결과는 피할 수 있지만 최고의 혁신을 가져다줄 인재를 찾아내기는 어렵다. '학력 스크리닝'을 설명할 때도 언급했지만 이 지표는 효율적이기는 하지만 최선의 방법은 되지 못한다.

그래서 스팔시트가 얻은 답은 다음과 같다. 먼저 혁신하기 위해서는 기존의 사고방식과 방법론에 얽매이지 않는 창의력이 필요하다. 이 창의력은 네 가지 요소로 나눌 수 있다.

① 유창성(얼마나 많은 아이디어를 생성해내는가)

② 융통성(얼마나 다양하게 아이디어를 조합하여 새로운 것을 창조하는가)

③ 독창성(아이디어가 얼마나 독창적인가)

④ 정교성(어느 정도까지 상세하게 아이디어를 내는가)

이 네 가지 요소는 3~5종류의 어세스먼트 툴이나 게임을 이용하여 평가하고 측정하는데, 10~25분 만에 개인·팀·조직의 창의력과 혁신력을 측정할 수 있다. 굉장히 미국다운 분석적·과학적인 발상으로, 성과를 올리기 위해서는 이런 정교한 사고가 꼭 필요하다.

2015년 초에 시작된 이 서비스는 2015년 8월까지 반년이 조금 넘는 짧은 기간에 이미 이용자가 2만 4,000명을 넘어섰다. 고객은 80%가 기업, 20%가 대학이며, 혁신을 위한 교육이 이루어지는지, 그 토대가 마련되었는지를 확인하기 위해 이용된다.

스팔시트에서는 심리학자, 자연언어처리 전문가, 기계학습 전문가, 통계 전문가로 구성된 네 명이 서비스의 연구개발을 담당하고 있다.

심리학자가 창의성을 어떻게 측정할지에 대해 연구하면 자연언어처리 전문가가 텍스트 및 발화를 수집한 데이터베이스인 '코퍼스'를 만들고, 기계학습 전문가는 어떻게 테스트 결과에서 코퍼스와의 관계를 해석하는가 하는 모델을 만들어 통계 전문가가 데이터를 분석하고 해석하는 역할 분담이 이루어진다. 다만 모델을 만드는 것은 노력의 20% 정도에 불과하며 나머지 80%는 모델이 어떻게 운영되고 납득할 수 있는 결과를 내놓는지 확인하는 데 쏟고 있다.

평가 모델을 진화시키는 인공지능×빅데이터 기술을 통해 기존에는 측정할 수 없었던 창의성까지도 측정할 수 있는 시대가 온 것이다.

CAE

비판적 사고력과
커뮤니케이션 능력 테스트

학생과 사회인이 사회에서 활약하기 위해 가장 필요한 기술은 무엇일까? 사람마다 다르겠지만 비판적 사고력과 커뮤니케이션 능력이라고 답하는 사람이 적지 않을 것이다.

뉴욕의 CAE는 바로 이 비판적 사고력과 커뮤니케이션 능력을 온라인에서 테스트하는 회사다. 이 기업의 테스트 CLA⁺는 다양한 데이터와 정보 소스를 이용하여 문제의 해결방법을 기술하여 제안하는 테스트로, 커뮤니케이션 능력을 측정하는 '퍼포먼스 태스크'(60분)와 수치해석 논리력과 문장의 전제와 문제점을 파악하는 비판적 사고력을 측정하는 '선택문제'(30분)로 구성된다.

400점부터 1,600점 사이의 총점으로 평가하는데 분석과 문제해결력, 문장의 설득력, 작문 실력, 수치 논리력, 비판적 사고력에 대한 편차치도 측정할 수 있다.

이 테스트는 미국을 중심으로 전 세계의 대학에서 이미 이용되고 있다 (온라인 서비스이기 때문에 어떤 나라에서도 이용 가능하다). 일본에서는 아키타 현의 국제교양대학이 이 서비스를 이용하고 있는데, 테스트 결과를 학생 이 사회에서 얼마만큼 활약할 수 있는지에 대한 기준으로 삼고 있다. 안 타깝게도 아직 한 곳만 이용하고 있지만 앞으로 다른 대학으로 확대될 것으로 보인다.

텍사스대학 등 일부 대학에서는 미국 전역에 있는 경력센터와 연계하 여 취업용 데이터로 활용하고 있다. 그리고 일부 기업에서는 사원의 능 력 측정에 이용하고 있다.

비판적 사고력과 커뮤니케이션 능력의 중요성을 생각하면 이런 테스 트 사업이 특별하지 않게 느껴질지도 모르겠다. CAE가 특별한 점은 테 스트 결과의 채점을 자연언어처리와 기계학습을 이용하여 전부 컴퓨터 로 하고 있다는 점이다.

그 전까지는 비판적 사고력과 커뮤니케이션 능력을 평가하기 위해서 평가능력을 가진 사람과 그 사람이 혼자 채점할 시간이 필요했다. 그래 서 서비스 가격도 고액일 수밖에 없고 채점자의 주관에 따라 결과가 일 정하지 않은 경우도 생겼다.

이 회사는 퍼포먼스 태스크의 결과를 인간과 컴퓨터 2단계로 평가하 고, 결과가 다를 경우 인간의 결과에 맞추는 형태로 컴퓨터에게 기계학 습을 반복시켜서 평가의 정밀도를 높이고 있다. 그 결과 지금은 컴퓨터만으로 채점하는 것이 가능해졌다.

인공지능은 기계학습을 통해 더 똑똑해지고 있다. 언젠가는 인간이 놓친 미세한 부분까지 평가하게 될지도 모른다. 과거 학생의 데이터는 전부 축적되며 대학별 비교, 연도별 학생의 성장성, 학부별 차이 등 상세한 데이터를 대학에 제출하고 있다.

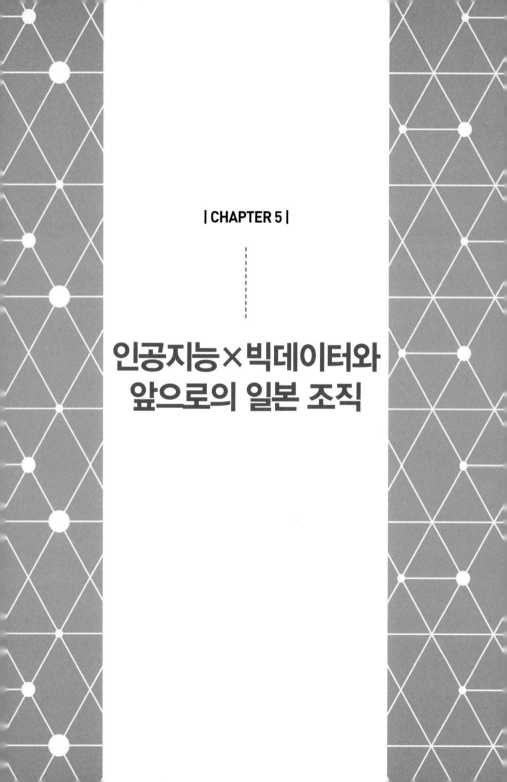

| CHAPTER 5 |

인공지능×빅데이터와
앞으로의 일본 조직

* * *

구글은 과학적인 인사 관리를 추진하여 최고의 두뇌 집단을 활성화하는 시스템을 구축하려 노력하고 있다. 데이터를 중요시하는 과학적 검증을 반복하여 더 많은 사람이 납득할 수 있는 합의점을 도출한다. 그 결과 누구라도 사내 정치나 파벌 등에 개의치 않고 지적인 활동에 몰두할 수 있게 된다. 데이터를 활용하여 기초를 다지고, 신뢰할 수 있는 문화를 만들고, 직설적이고 명료하게 의사를 전달하는 저맥락(Low Context)의 글로벌 리터러시 플랫폼을 구축하고 있다. 바로 데이터 중시의 신뢰조직으로 나아가려는 것이다.

■

지금까지는 기업 경쟁에서 어떻게 하면 자사의 경쟁우위를 확보할 수 있는지를 결정하는 포지셔닝 전략이 이용되었다. 하버드대학 마이클 포터 교수의 경쟁전략을 바탕으로 타사가 흉내 낼 수 없는 포지션을 획득하고 꾸준히 실적을 쌓아 계속적인 성장을 해나가는 게 중요했다.

하지만 앞으로는 기술혁신의 시대다. 경쟁우위가 오랫동안 지속되기 어렵다는 얘기다. 컬럼비아대학의 리타 맥그래스 교수가 '일시적 경쟁우위의 시대'라고 지적했듯이 꾸준히 혁신을 추진하지 않으면 살아남기 어려운 시대가 된 것이다.

일본 기업 가운데 99.7%는 중소기업이다. 그런데 일본 중소기업의 평균수명은 23.5년이다. 22세에 취업한 대학생이 한창 일할 나이(45세)에 회사가 도산하여 잘못하면 거리로 내몰리는 신세가 된다는 뜻이다. 일시적 경쟁우위 시대가 본격화된 지금, 느릿느릿한 암묵지 경영을 계속하다가는 아마 그 수명이 더 짧아질 것이다. 혁신의 시대에 걸맞은 경영 방법이 무엇인지 고민하지 않을 수 없다.

혁신하지 못하면
살아남지 못한다

혁신의 열쇠는 빅데이터, 인공지능과 같은 일련의 정보통신기술(ICT)
의 비약적인 발전, 그리고 대기업과 STEM(과학, 기술, 공학, 수학)계 벤처기
업을 포괄하는 클라우드, 사물인터넷, 커넥티드 기술, 핀테크 등으로 표
현되는 정보통신기술 활용 범위의 비약적인 확대에 있다. 그런 점에서
제조강국, 암묵지대국, 하드 지향의 일본은 한참 뒤처진 상태이다.

이런 기술을 발전시키고 활용을 추진하는 것은 당연히 사람이고 조직
이다. 그런데 일본은 사람이나 조직의 관리가 조금도 달라지지 않았다는
사실을 앞에서 이미 지적했다. 특히 전통적인 성공 패턴을 자랑하는 인
사 제도로 인해 여기저기에서 균열이 생기고 있다. 유능한 인재가 조직
을 떠나 프리랜서로 일하는 경우도 늘고 있다.

미국 등 여러 나라에서는 이미 빅데이터와 인공지능의 활용이 시작되

어 일본의 조직 관리보다 훨씬 앞서 나가고 있다. 과연 일본 기업은 급격한 변화의 흐름을 따라잡고 혁신 경쟁에서 승리할 수 있을까?

한 가지 희망은 일본에 장수 기업이 많다는 사실이다. 자료에 따르면 100년 이상 된 기업이 2만 6,144개나 있다. 이 기업들은 우수한 변화대응형 기업이라고 할 수 있다. 전통적인 기업이라 하더라도 핵심기술을 바탕으로 시대에 발맞춰 제품을 생산하는 뛰어난 능력을 가지고 있다. 다윈의 진화론을 언급할 필요도 없이 살아남는 기업은 강한 기업이 아니라 변화에 대응할 수 있는 기업이다. 그런 의미에서 일본 기업에는 변화대응력이 뛰어난 DNA가 새겨져 있을 것이다. 그렇다면 이 같은 뛰어난 능력은 대체 어떤 조건 아래 발휘될까?

밀실에서
광장으로 나온 인사

변화대응력은 현 상황을 냉정하게 바라보고 주위를 파악하는 자신만의 판단 기준이 있을 때 향상된다. 현재에 안주하여 태평하게 지내거나 외부 상황에 무관심한 채 내부의 질서 유지에만 신경 쓰는 문화가 기업을 지배하는 한 변화대응력은 커지기 어렵다. 위급한 상황에서는 능력이 발휘될 수도 있지만 위험이 따르고 실패 확률도 높다. 유비무환의 정신으로 현 상황을 제대로 뒤돌아볼 필요가 있다.

하지만 오랫동안 암묵지 경영을 해온 일본에는 현 상황에 대한 데이터가 없다. 외부와 비교할 수 있는 객관적인 지표도 없다. 다음을 판단하는 시뮬레이션도 불가능하다. 변화를 싫어하는 많은 관계자는 합의를 위한 데이터도 수집하지 않고 대책도 세우지 않는다.

그렇게 현 상황을 객관화하지 못하고 방향성에 대한 합의도 이루지 못한 채 밀려오는 거친 파도를 맞으며 시간을 낭비하고 있다. 변하지 않으면 안 된다고 생각하면서도 아무것도 결정하지 못하고 있다. 데이터보다는 직관이나 경험을 통한 지식, 개인의 능력이 결정적인 근거가 되고 판단 근거도 확실하지 않은 상태에서 말로 표현하기 힘든 가치관, 평판이나 평가가 형성되어 조직 내에 암묵적인 서열이나 속박이 생기면서 점점 더 변하기 힘들어진다. 잘못된 방향으로 가더라도 아무도 그 흐름을 막지 못한다.

이 같은 흐름은 조직 내의 진지한 대화, 시시비비를 가리는 토론, 원활한 의사소통을 막는 방향으로 흘러간다. 암묵지를 공유하는 사람들만의 세계가 우선시되어 배타적인 그룹이 만들어지고, 여기서 배척당하지 않기 위해 옳은 말 하기를 꺼리게 되어 밀실 관리가 이루어지는 것이다. 신뢰할 수 있는 커뮤니티나 개방된 조직을 만들기가 어려워진다.

혁신을 일으키기 위해서는 자유분방한 분위기와 신뢰관계를 바탕으로 한 다양성이 필요하기 때문에 보다 객관적인 지표에 기초한 관리가 필요하다. 마케팅 분야에서는 현재 디지털화된 마케팅 전략이 시작되고 있다. 또 다양한 의사결정 분야에서의 시뮬레이션도 시작되고 있다. 이런 흐름은 조직 내의 의사결정이나 결정의 합리성을 제대로 판단하려는 움직임이다. 즉 직관에 의지하지 않고 문제의 본질을 이해하려는 것이다. 이로써 처음으로 자신을 되돌아볼 수 있다.

이런 흐름에 따라 합리적인 문화도 형성되며 의사소통이 잘되는 환경, 다양한 사람이 서로 신뢰할 수 있는 커뮤니티도 조성된다. 글로벌 문화와 함께 글로벌 지식이 축적되어 혁신의 발판이 만들어진다.

　이런 문화를 만들어가는 것이 바로 인사다. 그렇기 때문에 인사부가 솔선하여 객관적인 인사 관리를 해야 한다. 인공지능×빅데이터 기술을 활용하여 데이터에 기초한 인사 관리로 밝고 개방적인 인사 전략을 구사한다면 그런 흐름을 한꺼번에 추진할 수 있을 것으로 기대된다.

안심조직에서
신뢰조직으로

　원래 사람과 조직의 문제는 과학이나 데이터로만 해결할 수 없는 복잡한 것이기 때문에 이를 처리하는 인사는 가장 마지막까지 남겨진 암묵지의 대륙이었다. 그럼에도 미국은 앞에서 본 것처럼 그 영역에 깊이 파고들고 있다. 그렇다면 일본의 인사부는 글로벌 지식을 축적해나가고 혁신을 일으키는 풍토를 만들기 위해 미국보다 더 이 영역에 뛰어들 필요가 있지 않을까?

　모두가 알다시피 일본의 인사는 지나치게 암묵지 주도로 이루어지고 있으며, 이대로 가면 인사 관련 비용이 더 늘어날 것이다.

　암묵지 주도의 인사에서는 조직 내의 인사평가, 인사이동, 교육훈련, 경력 등 모든 결정이 극소수의 관리자(상사)나 인사 담당자의 조절로 이루어진다. 인사 데이터베이스는 존재하지만 최종적으로는 당사자가 직접 알고 있는 정보만으로 판단한다. 그리고 내려진 결정이 사원 본인에게 타당한 것으로 여겨지도록 종신고용과 연공서열, 대졸자 일괄채용 등의 주먹구구식 인사제도를 구축하였고, 회사는 사원이 안심할 수 있는 시스템을 유지해왔다. 기업은 조직 구성원이 당연하다는 듯 남에게 의지하고, 시키는 일은 뭐든지 다 하겠다는 식의 방식이라도 문제없다고 생각하게 만드는 구조이다. 하지만 이렇게 해서야 혁신이 불가능하다는 것은 불을 보듯 뻔한 일이다.

히토쓰바시대학의 야마기시 도시오 교수는 지금까지의 일본 사회를 '안심사회'라 정의한다. 안심사회는 타자가 자신에게 손해를 입히지 않을 것이라는 기대에 바탕을 둔 사회이다. 법률이나 경찰 제도가 정비되어 있어 타자의 이득과 손실을 계산할 수 있다. 따라서 안심사회에서 타자를 신용할 수 있는 까닭은 개인을 믿는 것이 아니라 잘못을 하면 벌을 받기 때문에 그렇게 하지 않을 것이라고 확신하는 것이다. 이를테면 남편이 불륜을 저지르면 부인에게 고소당하고 부인의 재산을 손에 넣을 수 없기 때문에 그런 바보 같은 짓은 하지 않는다고 생각한다면 부인은 남편의 사랑을 믿지 않아도 결과적으로는 남편이 불륜을 저지르지 않을 것이라 안심할 수 있는 것이다.

이에 비해 '신뢰사회'는 타자를 충분히 신뢰할 수 있는 인간관계가 구축되어 있기 때문에 사회가 불안하지 않다. 법률이 지켜주기보다는 개개인이 서로를 이해하고 관계를 맺으며 신뢰와 인연을 공유하는 사회이다. 부부가 서로를 배신하지 않는 것은 재산 때문이 아니라 정말 사랑하기 때문이다.

이 이론을 적용해보면 지금까지의 인사는 회사 혹은 상사와 사원 사이에 몇 겹이나 안심할 수 있는 조건을 만들어놓고 '안심조직'을 구축해왔다고 볼 수 있다. 하지만 거품경제 붕괴 후 비용 문제가 심각하게 대두되자 급격하게 성과주의가 중시되고 인원 감축이 빈번하게 일어나 안심할 수 있는 조직이 붕괴되었다. 사원을 진지하게 생각하기 위한 도구나 방법은 아직 정비되지 않았다.

그렇다면 이제는 비용이 저렴한 '안심조직'을 재구축하는 것이 아니라 '신뢰조직'을 만들어나가야 하지 않을까?

신뢰조직이란 개인과 조직이 대등한 관계로 서로 최대의 기여를 하는 조직이다. 회사나 상사는 사원의 잠재력이 완전히 발휘될 수 있도록 노력한다. 사원은 자신이 해야 할 일, 하고 싶은 일, 할 수 있는 일을 최대한 달성하도록 노력하여 일류 전문가를 목표로 한다. 이렇게 서로 아끼고 약속이 굳건한 관계성이 신뢰조직의 특징이다.

엄격하고도 따뜻한 신뢰조직이 구축될 때 비로소 위험을 감수하고 자발적으로 혁신을 추진하는 사원이 나온다. 이런 조직과 개인의 관계성이 구미식 전문가 집단의 사고방식이며, 그들과 맞붙는 글로벌 조직으로 나아가기 위해서는 '신뢰조직화'가 꼭 필요하다. 지금 일본의 인사부는 이런 신뢰조직을 구성하는 도구를 손에 넣어야 한다. 그 중심에 인공지능×빅데이터를 통한 열린 인사 정보가 있다.

사원의 실적, 속성이나 희망에 따라 과학적으로 판단하여 사원과 조직 모두 납득하는 신뢰관계를 보다 개방적으로 구축할 수 있는 도구가 있어야 안심조직이 붕괴되었을 때 새로운 환경을 만들어나갈 수 있다. 암묵지 인사로 형성된 조직 내의 미신을 타파하고 사원이 유감없이 진면목을 발휘할 수 있도록 지원하여 진정한 커뮤니티로 거듭나야 한다. 데이터를 근거로 삼고 그 밖의 거추장스러운 것들은 배제한다.

사원들도 남에게 의지하는 것을 당연시하는 대신 전문가다운 의지를 보여주고 혁신해나가려는 의욕을 가져야 한다. 어리석은 조직 내의 정치나 상식에 얽매인 사고 정지 상태에서 벗어나 사원 간의 관계성을 올바르게 인식하고, 이를 바탕으로 자유로운 조직과 문화를 가진 21세형 지식창조기업으로 진화해야 한다.

구글의
과학적 인사 관리

구글은 라즐로 복 인사담당 수석부사장이 그의 저서에서 소개한 것처럼 과학적인 인사 관리를 추진하여 최고의 두뇌 집단을 활성화하는 시스템을 구축하려 노력하고 있다. 이런 노력의 본질은 대기업일수록 역사가 길어짐에 따라 현저하게 드러나는 폐해를 타파하려는 것이다.

데이터를 중요시하는 과학적 검증을 반복하여 더 많은 사람이 납득할 수 있는 합의점을 도출한다. 그 결과 누구라도 사내 정치나 파벌 등에 개의치 않고 지적인 활동에 몰두할 수 있게 된다. 데이터를 활용하여 기초를 다지고, 신뢰할 수 있는 문화를 만들고, 직설적이고 명료하게 의사를 전달하는 저맥락의 글로벌 리터러시 플랫폼을 구축한다. 바로 데이터를 중시하는 신뢰조직으로 나아가려는 것이다.

이와 같은 상황에서 21세기 혁신시대에 필요한 새로운 조직의 능력은 무엇일까? 그것은 인공지능과 빅데이터를 이용하여 연구개발의 효율을 높이는 힘이다. 특히 세계적인 규모의 환경, 빈곤, 치안, 교육 문제가 산적해 있는 지금, 연구개발을 위한 장치가 다방면에서 필요하다.

- 크로스 펑션(Cross Function) : 기업 내 조직의 수평적인 지식 창출
- 글로벌 다이버시티(Global Diversity) : 세계적인 재능을 불러 모아 공동의 가치 창출
- 젠더 다이버시티(Gender Diversity) : 성별을 초월하여 재능을 불러 모아 공동의 가치 창출
- 크로스 인더스트리(Cross Industry) : 공동의 선을 이루기 위한 산업융합·산업창조
- 트라이 센터(Try Center) : 사회적 과제의 효율적인 해결을 위한 관·민·NPO/NGO 공동의 가치 창출
- 크로스 기업 섹터 : 대기업과 벤처기업 공동의 가치 창출

조직 내의 작은 항아리 속에 갇혀 있어서는 '좋은 혁신'이 일어날 가능성이 거의 없다. 또한 다양한 배경을 가진 사람들이 함께 가치와 이익을 창출해나가지 않는다면 비효율적이 될 수밖에 없다. 효율적으로 공동의 가치와 이익을 창출해나가기 위해서는 개방적인 풍토에서 신뢰를 구축하고 저맥락의 커뮤니케이션이 가능한 시스템을 만들어야 한다. 그것이 바로 빅데이터이며 인공지능이다.

이제부터 가까운 미래의 인공지능 인사를 대담하게 예측해보자. 아무래도 일본이 기준이 되겠지만 세계적으로 사업을 확대하고 있는 혁신기업을 떠올려보면 좋겠다. 왜냐하면 그런 기업이 아니라면 살아남을 수 없기 때문이다.

인공지능×빅데이터 시대의 인사 전략

세계적 기준의
전략 입안

먼저 인사 전략이 크게 변할 것이다. 지금까지의 인사 전략은 기본적으로 타사와 크게 다르지 않았다. 기업의 규모가 달라도 마찬가지였다. 전략을 변화시키기 위한 확실한 근거가 없었기 때문이다.

인공지능×빅데이터 시대가 되면 전 세계 혁신기업의 최첨단 인사의 모범 사례를 볼 수 있게 된다. 영어로 된 정보라도 일본어를 유창하게 구사하고 일본 문화에 대한 이해도가 높은 외국인 인사부 직원이 번역해주기 때문에 전혀 문제없다. 또한 린다 그래튼의 『일의 미래』나 셰릴 샌드버그의 『린인』같이 인사나 노동에 관한 선견적인 시각을 제시하는 책은 번역서의 발간(보통 번역되어 출간에 이르기까지 2년 정도 걸린다)을 기다리지 않아도 구미 국가들과 거의 같은 시간에 볼 수 있게 된다. 인사부 직원의 영어 실력이 크게 향상되었기 때문에 이 부분도 문제없다. 이처럼 외부

정보를 바탕으로 먼저 자사의 위치와 앞으로의 인사에 관한 트렌드를 파악한다.

한편 자사의 전략에 필요한 인재 수요는 어떤가? 회사가 필요로 하는 인재의 요건과 인원, 국적의 구성 비율 등을 시뮬레이션으로 산출해 현 상황과의 차이가 드러날 것이다. 가장 효율적인 조직을 구성하기 위해 세계적인 중심거점 COE(Center of Excellence)도 만들어지고 글로벌 통합기업 GIE(Globally Integrated Enterprise)로 단계적인 변환이 이루어진다. 그 과정에서 일본의 고유성에 대해 꾸준히 연구하여 천박한 일본특수론에 빠지지 말고 일본의 장점을 잘 살릴 수 있는 글로벌 기업다운 가치관을 확립하여 실체화에 관한 방법론도 개발해나간다. 21세기형 지식창조 기업을 향한 연구팀도 인사부 안에 설치될 것이다.

동시에 세계적인 혁신을 위해 장애가 될 만한 각국의 법 규제나 위험 등에 대해서는 섭외부와 함께 법 개정이 필요한 나라에서 로비 활동을 전개하여 자사에 유리한 환경 정비 및 규칙 제정이 이루어지도록 하는 것도 인사부의 중요한 전략이 될 것이다.

이처럼 전 세계의 최신 정보를 통합하고 유능한 인재를 모집하여 혁신적이고도 효율적인 조직으로 만들기 위한 시뮬레이션을 반복한다. 그리고 자사의 고유성을 추구하며 자사에 유리한 환경과 규칙을 만들어나가면서 중기적인 기반을 다지는 것이 인사 전략 부서의 임무이다.

인공지능×빅데이터 시대의 채용

원하는 인재상의
기준화

지금까지 채용은 극히 주관적인 면접으로 이루어져왔기 때문에 정밀도가 낮았다. 기준이 있어도 기준 자체의 합리성이 의심스러웠다. 실제이 기준으로 채용된 학생이 기업의 이익으로 직결되는 성과를 내는지도 검증되지 않았다. 어느 정도의 비율로 어느 정도의 인재층이 필요한지도 정해지지 않았다.

채용 시스템 자체가 대학에서의 진정한 공부를 방해하는 면도 크기 때문에 대학생 때만 할 수 있는 교양 공부나 사고 능력 훈련이 이루어지지 않은 측면도 있다. 일할 때 필요한 기술은 취직 후에 배우면 되지만, 제대로 된 교양의 기초는 대학 시절에 다져야 한다. 이 상황을 그대로 방치한다면 수준 낮은 인재 풀에서 우연히 다이아몬드를 줍기를 바라는 비효율적인 구조가 지속될 것이다.

채용은 앞에서 살펴본 인사 전략에 따라 기업이 원하는 인재에게 필요한 역량 등의 기준이 확실해지기 때문에 우선 제대로 된 기준이 마련될 것이다. 또한 채용 시 입사 지원자가 한 대답의 정확성에 대한 판단은 빅데이터가 해줄 것이다.

한편 기업의 채용 기준이 학생들에게 필요한 역량의 형태로 공개되면 학생들은 희망하는 기업이 원하는 역량 강화를 목표로 스스로 노력할 것이다. 역량에 대한 진단과 능력개발을 담당하는 시스템도 마련될 것이다. 또한 학생들의 역량을 판단할 때 자기평가뿐만 아니라 제3자(친구나 선생님 등)도 함께 판단하는 다면평가(360도 평가) 시스템이 마련된다. 불공평한 요소는 인공지능이 배제하기 때문에 학생에 대한 올바른 역량 정보를 기업에 전달할 수 있다.

이처럼 인공지능과 빅데이터 기술을 활용하여 채용 과정에 객관적 평가가 이루어지고 동시에 학생들의 학습 의욕도 높여 글로벌 이노베이션 대열에 낄 수 있는 기본적인 힘을 가진 학생을 육성한다면 기업과 학생 양쪽 모두에게 좋은 일이 될 것이다.

인공지능×빅데이터 시대의 평가
평판의 중요성

평가에 대해서는 몇 가지 관점이 있다. 우선 생각해볼 것이 평가 기준의 정당화다. 채용 기준과 마찬가지로 사업 전략에 걸맞은 평가 기준(역량평가, 과정 평가, 가치 평가 등)이 있는가? 측정의 근거로 제대로 된 행동이 제시되는가?

현재는 근거는 없지만 그럴듯한 기준과 이 기준에 대한 해설과 행동 사례가 있을 뿐 나머지는 현장의 상사에게 맡겨서 상사와 부하가 대화로 해결하는 방식이 일반화되어 있다. 앞으로는 인공지능×빅데이터를 활용하여 점차 전략 실현으로 직결되는 평가 기준과 측정 방법이 개발될 것이다.

물론 평가의 경우 주관이 들어가지 않은 형태로 사원 행동의 객관적인 데이터를 취합하여 빅데이터로 구축하기는 어렵다. 그래서 정당한 기준과 측정 방법이 개발돼도 그 후의 과정은 디지털화된 상태로는 처리할 수 없기 때문에 상사의 역량이 중요하다는 점에는 변함이 없다.

그러므로 평가 자체를 보다 합리적으로 하기 위해서 주관적인 데이터 샘플을 이용하는 퍼지 이론을 응용한 시스템을 적용하는 방법을 생각해 볼 수 있다.

이 방법은 실적 평가와는 별도로 각 사원의 잠재력이나 평판을 파악할 수 있다. 기업 내에 사원만 이용하는 링크드인(LinkedIn)과 같이 비즈니스에 특화된 SNS 시스템을 구축하여 인공지능 기술을 적용하면 전혀 다른 각도에서 각 개인을 살펴볼 수 있게 돼 적확한 평가 정보를 얻을 수 있을 것이다.

친구이기 때문에 알 수 있는 소프트 스킬은 혁신을 위한 신뢰 구축에 매우 중요하다. 반대로 사람들과 교류가 거의 없고 이해하기 힘든 행동을 보이는 천재형 인재를 '역평가'로 판별하는 것도 가능해진다. 상사의 단편적인 시선으로는 판단할 수 없었던 것을 볼 수 있게 되는 것이다. 앞으로 원격지 근무, 사원의 겸업 허용, 개인사업주화가 더 확대되면 이런 평가 구조가 더 중요해진다. 프리랜서가 크라우드 소싱(crowdsourcing, 대중을 제품이나 창작물 생산 과정에 참여시키는 방식)에 참여하는 방식은 이미 시작되었다.

사원의 잠재력이나 평판에 대해서는 제3자의 평가가 아니라 '정기건강 검진' 형식으로 평가해도 좋을 것이다. 매년 의무화된 건강 검진처럼 능력 진단을 희망자에 한해서 실시하는 것이다. 여기에는 인공지능×빅데이터 기술을 100% 활용한다. 1장에서 소개한 파이메트릭스나 2장에서 자세히 설명한 GROW와 같이 게임이나 활동을 통해 사원의 대답과 행동 패턴 및 발상 패턴 등을 분석하여 빅데이터를 축적한다. 그리고 이를 통해 미래의 성장 가능성을 조사하는 것이다.

지금은 아날로그로 이루어지는 평가 센터도 가상현실공간의 아바타를 이용하는 디지털 평가 센터로 바뀌고 빅데이터와 인공지능화된 소프트웨어로 인해 더 정확한 판단이 이루어지게 된다.

이처럼 가까운 미래에는 평가만이 아니라 사내의 평판이 중요해질 것이다.

인공지능×빅데이터 시대의 이동·배치
직장이나 직원과의
매칭

　인사이동이나 프로젝트팀의 인선에도 인공지능×빅데이터가 활용된다. 앞서 살펴본 건강검진 같은 시스템을 통해 축적한 개인의 적성 및 능력 정보와, 직장이나 프로젝트에서 원하는 조건, 나아가 직장이나 프로젝트에 동료나 상사와의 궁합 등을 매칭하기 때문이다.

　혁신적인 대책을 제시하는 팀의 리더, 복잡한 글로벌 프로젝트의 리더, 사업에서 철수하는 팀의 리더 등 특정 업무의 적임자를 바로 글로벌 데이터베이스에서 찾아내는 것이 가능해진다. 이렇게 하면 혁신의 성공 확률이 상당히 향상될 것이다.

인공지능×빅데이터 시대의 교육

커리어 패스

교육 분야에서도 교육 체계나 교육 메뉴를 개발하고 필요한 인재를 찾아내 사원의 업무 일람표 제작, 미래의 업무 기술의 차이 예측 등이 합리적으로 가능해진다.

지금까지는 개인이 입력한 데이터를 바탕으로 한정된 범위 내에서 수작업으로만 분석이 가능했다. 그러나 앞으로는 인공지능이 개개인에게 필요한 커리어 패스(career+pass : 어떤 직위나 직무에 도달하기 위해 필요한 일련의 업무 경험과 순서, 배치 이동의 과정. 기업 내의 승진과 출세를 가능하게 하는 직무 경력)를 고려하여 인사 전략을 합리적으로 적용시킨 교육 메뉴를 추천할 것이다.

상사는 인공지능의 진단과 추천에 따라 사원 본인에게 조언을 한다. 다만 현실적으로 업무가 바쁘다 보니 상사가 인공지능의 조언을 거부하는 경우도 생각해볼 수 있다. 하지만 그럴 때에는 그것도 상사에 대한 평가로 데이터화된다. 혁신은 '총론 찬성, 각론 반대'로 앞으로 나아가지도 뒤로 돌아가지도 못하는 상황이 벌어지기 쉽지만 앞으로는 미래를 내다보고 혁신 경영을 위해 꼭 필요한 개인의 성장을 적극적으로 추진할 수 있을 것이다.

인공지능×빅데이터 시대의 기업 문화

빅데이터의 보고

마지막으로 기업 문화 관리에 대해 이야기해보겠다. 언뜻 기업 문화는 인공지능×빅데이터와 전혀 관련이 없어 보이지만 실제로는 그렇지 않다. 왜냐하면 기업 문화는 암묵지인 동시에 일본인이 주의를 기울이지 않는 경영 자원이며 빅데이터 자체이기 때문이다.

많은 회사가 매년 실시하는 '사원의식조사'는 현재 지나치게 아날로그적인 활용밖에 이루어지지 않고 있다. 하지만 미국에서는 기업 내의 불상사를 미연에 방지할 수 있도록 부적절한 행동을 시사하는 대화 내용을 검출하는 것이 재판에 필요한 디스커버리(증거 개시 절차) 제도에 한해 이용되고 있다.

실제로 유빅(UBIC)이라는 디스커버리 전문기업은 인공지능 기술을 적용하여 기업 내의 메일 내용에서 중요정보 유출 행위나 위험한 행위가 일어날 가능성이 높은 것을 탐지해준다. 그리고 기업 내의 움직임은 아니지만 일본의 데이터 분석업체 데이터섹션사가 인공지능을 활용하여 기업 평판과 경제 동향을 함께 분석하여 주식 동향을 예측하는 시스템이나 인공지능의 판정을 거쳐 부적절한 영상을 선별하여 동영상 공유 사이트 등의 적절한 운영을 지원하는 시스템 등을 만들어 성과를 올리고 있다.

이처럼 모두가 공유하는 데이터, 평판 정보, 특정 행동 정보를 인공지능 기술로 분석하는 시스템은 적극적으로 개발되고 있으며 조직 문화 형성에 활용될 날도 멀지 않았다.

앞으로는 상시적으로 자사 사원의 의식을 다양한 행동 패턴을 통해 센서로 감지·집계하여 '지금 어떤 직장에서 동기부여가 높은가.', '기업이 중시하는 신념이나 가치가 어떻게 의사결정이나 행동에 반영되고 있는가.', '어떤 프로젝트에서 커뮤니케이션이 활성화되어 있는가.' 등을 실시간으로 나타내고 공유할 수 있게 된다.

그렇게 되면 앞으로는 기업 문화도 가시화되어 개방적이고 대화가 오가는 문화가 만들어질 것이다. 그러면 모두에게 기업이나 조직을 잘 운영해나가자는 마음과 주인의식이 자라나지 않을까?

인공지능×빅데이터
인사의 활용

앞에서 살펴본 것처럼 인공지능×빅데이터는 20세기형 인사를 밀실의 세계에서 끌어내 보다 투명하고 합리적으로 글로벌 지식을 함께 쌓아나가는 시스템을 제공한다. 이에 따라 기업은 기존 모습을 탈피하여 혁신 기업으로 변신할 수 있다.

이때 인간은 인공지능 기술을 잘 이용하기 위해 고도의 직관으로 적절한 판단을 할 것이다. 이를 위해 꼭 필요한 것이 바로 인사 담당자의 '실천지'이다. 현장의 지혜(누가 어떤 지식을 가지고 있는가)를 판별하여 자사의 진정한 핵심 역량이 무엇인지 제대로 파악하는 것이다.

인공지능이 비효율적인 과정을 줄여주기 때문에 인사는 실천지의 획득을 위해 더 빈번하게 현장을 방문하여 대화를 나누면서 현장의 진짜 목소리를 들어야 한다. 그 과정에서 사람들의 생각을 파악하고 그 생각을 더 잘 활용하기 위해서 인공지능의 정밀도를 높여야 한다.

이를 위해서라도 사원들에게 신념과 의지를 심어주는 신념경영(MBB, Management by Belief)을 활용하여 아날로그적인 대화를 활성화하고 생각을 자유롭게 나눌 수 있는 풍토를 만들어야 한다. 빅데이터 형태로 축적되는 사원들의 생각과 행동 등의 가치는 성장을 원하는 풍토의 유무에 따라 달라지기 때문이다.

수준 높은 의식을 가진 사원에게서 얻은 수준 높은 빅데이터가 있어야 인공지능을 활용하는 의미가 있다. 수준 높은 의식을 지닌 사원이 만드는 신념경영, 현장의 수준 높은 생각을 받아들여 조직에 활용하는 인사, 이 두 가지가 인공지능×빅데이터 시대에 더 중요해질 것이다.

적절한 디지털 조언을 통해 회사에 대한 신뢰가 향상되고 아날로그적인 대화를 통해 개개인의 혁신 원동력이 강화되는 것은 당연한 결과다.

3장에서 검토한 일본 인사의 문제점과 이를 최신 인공지능×빅데이터로 어떻게 극복할 수 있을지에 대한 가능성을 다음에 표로 정리했다.

인사의 현황과 미래

기능	지금까지의 인사 상황과 문제점	인공지능×빅데이터 시대 인사의 가능성
인사 방침	20세기형 집단주의 문화에서 벗어나지 못하고 혁신 시대에 걸맞은 인사 방침으로 변화하지 못했다. ● 국내 지향 ● 집단 일괄 관리(효율성 중시) ● 제도 설계 중심의 인사 ● 수동적인 법적 대응	지식창조 인사로 전환하기 위해 다양화·세계화에 어울리는 개별 인사를 중시한다. → 혁신이 어떻게 일어나는지를 가시화하여 분석화·전략화한다(예 : 스팔시트의 시도). → 세계적인 조직의 상호신뢰·평가의 역동성을 가시화하여 가시화된 정보를 바탕으로 업무를 재검토하고 혁신을 추진할 수 있는 체계를 만든다(예 : GROW의 시도).
인사 전략	성과주의의 결함을 반성하고 제대로 된 새로운 일본형 시스템을 검토하지 않았다. 자사의 독자적인 비즈니스 모델에 따른 전략이 없고 글로벌 다이버시티를 촉진할 토대도 없다. ● 대기업은 컨설턴트에 의존. 다른 기업과 비슷한 것을 추구하기 때문에 독자성이 없다. ● 중소기업, NPO는 제도까지 검토할 여유가 없다. ● 일부 벤처기업은 창의성을 발휘하고 있지만 퇴직률이 높고 불안정하다.	기업의 독자적인 핵심역량을 명확히 하고 신념경영을 통해 지식 창조로 이어지는 인재의 육성, 활용 등의 인재 전략이 가능해진다. → 암묵지가 지배하는 아날로그적 인사에서 인공지능×빅데이터 기술을 활용한 형식지 형태로 만들어간다(예 : GROW). → 여성이나 일본인 이외의 직원에 대한 선입관과 편견을 둘러싼 실증연구를 바탕으로 잠재적인 선입관이나 편견을 가지고 있는 인사부 대신 인공지능이 임무를 수행한다(예 : 파이메트릭스). → 최고의 인재를 모아서 다양성을 확보한다는 다양성의 정의를 재정립한다.
채용	정밀도가 낮은 스크리닝을 바탕으로 인상 평가를 해 조잡한 채용이 이루어진다. ● 대졸 신규 일괄 채용 중심 ● 지원 서류에 대한 형식적인 심사 ● 면접관 개인의 능력에 의존한 면접 ● 순간적인 결정으로 리스크가 높은 중도 채용 ● 직원으로 인정하지 않는 인턴십	톨레도대학 심리학부의 버니에리 교수에 따르면 면접은 최초 10초로 당락이 결정되고 99.4%의 면접 시간은 아무런 의미가 없다고 한다. 기업과 지원자 양쪽이 잘 맞는지 다각적이고 객관적으로 판단하는 기술을 바탕으로 한 과학적·효율적 채용 전략이 도입된다. → 인공지능을 활용하여 인사 채용의 가시화를 추진한다(예 : GROW).

배치/이동	한정된 선택 사항 중에서 이루어지는 정치적 프로세스는 밀실 인사이며, 회사 전체를 위한 인재 육성이나 자원 배분으로 이어지지 않는다. ● 상사에게 보이는 범위 ● 다른 상사와의 교섭 ● 면담이나 자기신고서로 희망 사항 표현 ● 각 부문에서 우수한 인재를 붙잡고 놓지 않는다. ● 제한적인 직무 지원 ● 공모제의 활용도 있지만 제대로 자리 잡지 못했다.	마지못해 일하는 직원이 생기지 않게 여러 분야에서 자유롭게 일할 수 있는 팀을 만들어 운영한다. 또한 공동의 지식 창출이 가능한 개방적인 사내 노동시장 형성, 회사 밖에서 활용할 수 있는 다양한 기회 확대, 각자의 능력 발휘 혹은 매칭 등을 통해 가능성을 넓히는 플랫폼 전략을 도입한다. → 인공지능이 각 개인의 흥미, 상세한 적성, 능력과 새로운 일의 매칭을 담당한다.
근무 태도·취업 관리/휴가	효율적인 조직 유지에 중점을 두고 개개인을 보는 것이 아니라 일률적인 집단 관리가 이루어진다. ● 노동법을 기준으로 일괄 관리한다(직종, 적성 관계없음). ● 개개인의 사정보다 불평이 나오지 않는 것을 중요하게 생각한다. ● 우수한 인재가 자유롭게 능력을 발휘할 수 있는 토양이 마련되지 않았다. ● 여성, 외국인 인재의 활용에 적합하지 않다. ● 채용 시점에서 특히 문과 계열은 회사의 전체 기준으로 채용한다(제너럴리스트 지향).	다양하고 포괄적인 수요에 대응할 수 있도록 공간적·시간적·업무적 지원이 가능한 유연성을 가진다. → 각 개인의 적성을 회사와 매칭하는 것이 아니라 인공지능이 회사의 업무별 스펙과 매칭한다. 채용 시점부터 미래의 직무 플랜을 고려한다(예 : GROW). → 인공지능이 개개인의 수요에 맞는 자세한 인사 지도와 교육을 담당한다. 이는 무크와 인공지능을 활용한 개인 학습도 파악으로 실현 가능하다.
처우	공평성을 중시하는 단순 구조에 머무르며 혁신을 중요시하지 않는다. ● 일괄적인 성과주의로 조직의 목표나 개인의 수요에 맞지 않는다. ● 금전적 인센티브가 대부분이며 비금전적 인센티브는 활용하지 않는다.	사원 본인이 자신의 처우를 선택할 수 있고 일의 방식을 포함하여 더 포괄적이고 유연한 처우 시스템을 개발한다. → 개인의 가치관이나 기질을 높은 정밀도로 평가하고 인공지능 등을 이용하여 각자의 능력에 맞는 처우를 효율화된 형태로 제공한다.

평가	실적의 배경이나 장기적인 육성 등을 종합적으로 판단하지 못하고 근시안적인 성과주의 평가가 이루어진다. ● 평가 기준이 수치로만 치우치기 쉽다. ● 상사의 주관적인 평가가 이루어진다. ● 과정 평가가 편의적인 수준에 머무르고 개개인에게 맞는 지도가 이어지지 않는다. ● 상대평가에 대한 뿌리 깊은 불만이 있다. ● 관리직에게 커뮤니케이션 기술과 이를 실시할 시간이 부족하다. ● 다면평가는 아직 적용하기 힘들다.	업무수행능력평가·능력지상주의에서 탈피하여 혁신에 필요한 잠재력을 판단하는 평가 기준과 평가 방법을 개발한다. → 입사 이후 개인 역량의 성장이나 가치관의 변화를 가시화한다(예 : GROW). → 각 개인의 자기·타자 평가 경향을 분석하여 다면평가의 정밀도를 높인다(예 : GROW). → 행동 이력이나 회의록을 빅데이터로 만들어 가시화하고 평가에 이용한다. → 하드 스킬만이 아니라 소프트 스킬(비판적 사고나 커뮤니케이션 능력 등에 관한)에 관한 테스트를 수강하게 한다(예 : CLA$^+$).
승진	개인과 조직의 성장 콘셉트가 불확실한 승진 구조를 가지고 있다. ● 연공에 따른 승진 구조로 안이한 발탁이 이루어진다. ● 승진의 조건이 명확하지 않다. ● 준비되지 않은 상태에서 승진시키고 이후 관리 훈련의 지원도 없다. ● 다음 도전은 명확히 하지 않고 승진에만 의미를 부여하여 단순히 축하하는 분위기다.	사원의 지적 능력에 가장 적합한 자리를 준비하고 그 자리를 위해 나아갈 수 있도록 자극하는 장치로서의 승진 관리를 실시한다. → 연령이나 직위가 아닌 직무별로 필요한 역량을 정의하고, 그 역량에 맞는 인재를 기업 내에서 선별하여 승진시킨다.
커리어 패스/ 인재의 유지와 확보	조직은 장기적인 인사에 관심이 없고 개인은 경력에 대한 비전 없이 수동적인 자세를 취한다. 사내 직무 지도, 인재육성위원회 등은 최고의 능력을 가진 인재만 관리하고 나머지는 방치한다. ● 축적된 지식의 활용 기술이 부족하다. ● 경영자 육성이나 후계자 양성 프로그램이 없다. ● 장기적인 직무 경력 구축에 대해 아무 대책이 없다. ● 지위 박탈(혹은 저하)이나 재도전이 어려운 경직되고 단선적인 경력관을 갖고 있다.	사내외 구별 없이 열린 기회를 제공하도록 커리어 패스/기회의 데이터베이스를 구축하고 '계획된 우연성 이론'에 따른 커리어 패스 시뮬레이션과 직무 게임 등으로 자기책임을 환기하는 장치를 마련하는 등 다양한 가능성을 열어놓는다. → 각 개인의 학력과 경력을 입력하면 같은 조건에서 성공한 선배들이 거친 커리어 패스를 볼 수 있다(예 : 프레딕트). → 모든 인재의 커리어 패스와 각 개인의 기질, 역량을 빅데이터화하고 인공지능을 이용하여 각 개인이 능력을 최대한 발휘할 수 있는 커리어 패스 추천 시스템을 인사부의 보조 시스템으로 도입한다.

교육	사원을 지식 창조의 주역이 아니라 노동시간이나 노동일수로 본다. 효율성을 중시하다 보니 지식 창조에 적합하지 않은 교육 체계가 만들어졌다. ● 기술 교육, 관리자 교육, 경영자 교육 등이 모두 기초적인 기술 교육 중심이다. ● 리더십 육성에 소홀하고 최고경영자의 관여도 부족하다. ● 혁신 의식 육성은 뒤처지고 최고경영자의 관심도 부족하다. ● 중간 관리자층의 능력과 공감 능력에 대한 지원이 부족하다.	혁신을 추진하는 인재, 성장 전략을 디자인하고 실천하는 리더, 세계적인 비즈니스 모델 혁신을 실천하는 리더 등을 육성하는 교육 부문을 구축한다. → 혁신을 위해 가시화된 조직 구성, 각 개인의 적성과 조직에서 맡은 역할에 적합한 교육 제공 → 무크를 이용한 무료 교육의 확대, 복시와 같이 개인의 흥미, 원하는 성장 영역을 파악한 프로그램 제공 → 빅데이터와 인공지능을 이용하여 집단 연수와 개인 학습을 통합할 필요성
복리후생	20세기형 애사정신을 고양시키는 기능밖에 하지 못하며 혁신 기업이 되기 위한 역할은 하지 못한다. ● 일과 삶의 균형에 대한 지원 ● 생활 지원 ● 건강 지원 ● 사원 사이를 돈독하게 다질 수 있는 이벤트	혁신적인 발상, 교양 함양, 글로벌화, 호기심 자극 등 평소 일상 업무 중에는 하기 힘든 일에 대한 지원을 주 업무로 하는 지적 복리후생 지원을 제공한다. → 웨어러블 기기 등을 이용한 사원의 시간관리, 건강관리(신체, 정신 양쪽 모두)를 종합적으로 지원하는 빅데이터를 만들어 인공지능이 각 개인에게 조언한다.
해고	무책임한 감싸주기와 강압적인 태도로 지식의 빈곤화가 조장된다. ● 노동법에 의거하여 쉽게 해고하지 못하고 방치하는 부서에만 맡기는 인사를 한다. ● 개인은 책임 의식을 기르지 못하고 소극적인 태도를 유지한다. ● 미성숙한 정년재고용 시스템이 유능한 고령 인재 활용을 방해한다. ● 갑작스런 정리해고로 지적 단절이 생기고 조직에 틈이 생긴다.	적정 회전율을 산출하고 조직의 지식 자산에 대한 공헌도를 수시로 확인하여 신진대사를 원활하게 한다. 사원의 성장 의욕 등을 실시간 파악해 적절히 대처한다. → 개인 자료의 빅데이터화와 분석(전술)을 바탕으로 각 개인의 상황을 상세하게 파악하고, 인공지능 보조 시스템을 이용하여 그에 맞는 동기 부여 혹은 퇴사 장려를 각 부서의 상사가 효과적으로 활용한다.
사내 커뮤니케이션	일방적이고 조작주의적이고 관제 정보적이다. 개방된 분위기의 쌍방향 대화가 없다. ● 직장에서의 직원 간 대화나 관리직과의 대화가 급격히 줄었다.	자율분산형 리더십 문화를 키우기 위해 SNS 등을 통한 생각의 교류, 정보 공유, 개방된 합의 형성 등 적극적인 직원의 참가를 유도한다. → 가족이 준 정보도 포함된 빅데이터를 이용하면 필요한 정보의 가시화가 가능해진다.

	• 자신의 업무만 처리하고 마지못해 일하는 직원들이 늘어나는 현상을 방치한다. • 다양성이 존재하는 한편, 포괄적인 일처리가 부족하여 원심력이 강화된다.	→ 인공지능의 딥러닝 기술을 이용하여 사내 커뮤니케이션을 가시화하고 문제점에 대응하는 공간을 만든다(예 : 사무실의 배치 변경 등) → 비콘(근거리 기반 위치인식 기술)을 이용하여 직장 내 사람들의 움직임을 가시화하고 딥러닝 기술을 이용하여 커뮤니케이션을 가시화한다.
기업 풍토	문화에 대한 관리 의식이 희박하다. • 문화를 경영자원으로 보지 않으며 책임자도 부서도 없다. • 기업이 성장하면서 창업자의 가치관을 계승하고 문화를 지키려는 의욕은 사라지고 점차 관료화된다. • 성장이 중요한 벤처기업은 대중에게 영합하는 경향이 강하고 사회적 존경을 얻는 문화를 만들어나가기 힘들다. 그래서 계속 젊은이 문화 상태에 머물러 있다.	기업 문화를 가시화하여 기업의 '신념'과 사원의 '생각'을 맞춰나가면서 사원이 보다 열심히 일할 수 있도록 관리해야 한다. 그리고 사원 한 명 한 명의 '생각'을 공동의 선으로 향하는 커다란 목표로 키워서 이상적인 형태로 만들어갈 필요가 있다. → 사원의 의식조사를 온라인에서 실시간으로 실시한다. 퍼즐로 분석하고 함께 공유하면 자율적인 문화를 만들어나가기 위한 참여를 촉진할 수 있다.

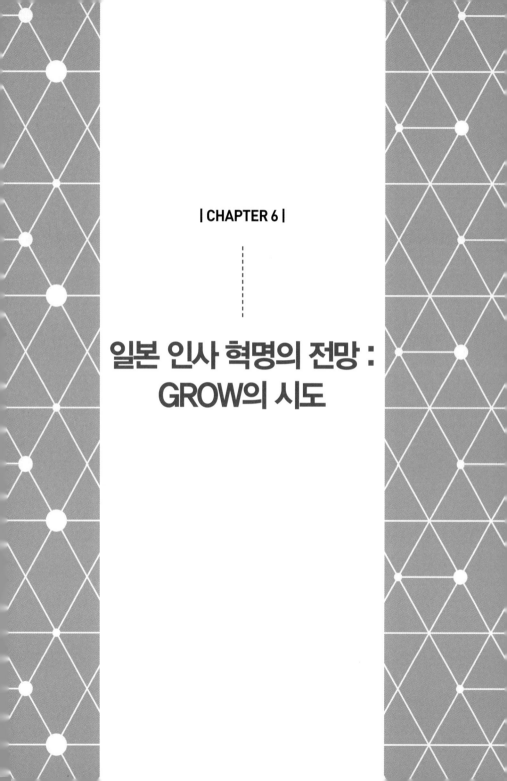

| CHAPTER 6 |

일본 인사 혁명의 전망 :
GROW의 시도

＊＊＊

스스로 평가하지 않고 다른 사람이 평가하여 측정한다. 평가 결과는 본인에게 피드백되어 자신의 강점과 앞으로 너 키워나가야 할 능력을 알 수 있다. 이를 바탕으로 성장을 지원하는 정보가 제공된다. 다시 말해 현 시점의 역량으로 '합격/불합격'을 판정하는 것이 아니라 앞으로 더 성장하여 지망하는 기업에 합격할 수 있도록 지원하는 것, 그것이 바로 GROW다.

■

　기존의 방법을 개선하여 인공지능×빅데이터를 인사 선발·평가에 도입한다는 것은 구체적으로 무엇을 의미할까? 그에 따라 우리의 업무는 어떻게 변화할까?

　아직 구체적인 이미지가 떠오르지 않는 사람도 있을 것이다. 이 장에서는 몇 가지 사례를 소개하면서 구체적인 활용의 이미지를 제시하겠다. 먼저 '학력 스크리닝' 이야기부터 시작하자.

　이미 언급한 것처럼 학력 스크리닝에 대한 비판도 많지만 최소한의 필요 인원으로 축소된 인사부(특히 인기 기업의 경우)는 채용 활동을 효율적으로 하기 위해 학력 스크리닝이 필요했다. 하지만 인공지능×빅데이터 기술을 도입하면 더 정확한 '걸러내기'가 가능해진다. 이로 인해 인사부의 부담은 줄어들고 보다 효율적으로 일을 할 수 있다. 우리의 GROW 채용 시스템도 한 가지 방법이다.

　인공지능 기술과 인지신경과학·사회심리학을 바탕으로 각 기업의 인사 전략을 반영한 채용 스크리닝 시스템을 마련하여 일본 취업 활동의 새로운 구조를 구축하려는 것이 바로 후쿠하라가 2010년에 설립한 IGS의 GROW다.

이제 학력 스크리닝은
필요 없다

GROW는 대학생을 대상으로 세계적으로 활약할 수 있는 인재에게 필요한 능력을 스마트폰으로 평가하여 학생의 성장을 지원하고 기업과 매칭시켜주는 서비스다.

학생은 스마트폰 등을 이용하여 다른 인재의 성장을 지원하거나 스스로 테스트에 응하여 자신의 역량을 알 수 있다. 여기서 역량이란 높은 실적을 올리는 사람의 행동특성을 말하는 것으로 실행력, 문제 설정 및 해결력, 비판적 사고력 등이 포함된다.

지금부터 약 10년 전 인재총합연구소라는 회사가 '취직센터시험'이라는 사업을 시작했다. 오늘날과 같은 인공지능×빅데이터 기술을 이용하지는 않았지만 일본 전역을 대상으로 같은 역량 측정 테스트를 실시했다. 테스트 결과에 따라 학생에게는 어떤 업종이나 기업이 적성에 맞고 합격 가능성이 있는지를 판단해주고, 기업에도 채용에 참고할 수 있도록 데이터를 제공했다.

GROW도 기본적인 발상은 이 사업과 같지만 단순한 측정 테스트로 끝나지 않는다는 점에서 큰 차이가 있다. GROW는 스스로 평가하지 않고 다른 사람이 평가하여 측정한다. 지인에게 역량을 평가받는 것이다. 평가 결과는 본인에게 피드백되어 자신의 강점과 앞으로 더 키워나가야 할 능력을 알게 해준다. 즉 현 시점의 역량으로 '합격/불합격'을 판정하는 것이 아니라 앞으로 더 성장하여 지망하는 기업에 합격할 수 있도록 지원하는 것이다.

결론부터 말하자면 인재총합연구소의 취직센터시험은 실패로 끝났다. 학력 필터가 기능하는 상황에서 명문대 학생이 일부러 취직센터시험을 보려 하지 않았기 때문에 취업준비생 전체의 편차치를 얻지 못한 게 주요 이유다. 또한 평가의 신뢰성이 미지수인 상태에서 이 테스트 결과를 참고하려는 인기 기업도 없었다.

하지만 지금은 인터넷 시대다. 어디서든 누구라도 테스트에 참여할 수 있기 때문에 참가자를 모집하기가 쉽다. 일본뿐만 아니라 전 세계에서도 참가 가능하다. 그리고 GROW는 편차치 방식의 상대 평가가 아니라 학생의 성장을 촉진하는 시스템이다.

GROW의 목적은 글로벌 성장 전략을 세우는 기업과 그 기업 문화에 적합하고 혁신을 추진할 매개체 역할을 할 수 있는 우수한 글로벌 인재를 매칭하는 것이다. 이 같은 이념에 공감해 이제 막 시작 단계인 GROW

에 참여하기로 한 세계적인 대기업도 여러 곳 있다. 일본뿐 아니라 같은 척도로 평가되는 해외 대학에서 유학 중인 일본인, 해외 대학의 학생 중 일본어를 구사할 수 있는 유능한 학생으로 인력 풀이 구성되어 있다는 것도 큰 장점이다.

GROW와
『머니볼』의 세계

후쿠하라가 GROW를 구축하면서 이미지를 구상할 때 일조한 것이 바로 마이클 루이스의 『머니볼』 세계다.

『머니볼』은 미국 프로야구 메이저리그 30개 구단 중 가장 가난한 구단 오클랜드 어슬레틱스의 빌리 빈 단장이 '세이브 매트릭스'라 불리는 과학적 접근을 통해 4년 연속 포스트시즌 진출을 달성한 강팀을 만든 이야기를 그린 논픽션 작품이다. 미국에서 출간돼 베스트셀러가 되었고, 브래드 피트 주연으로 영화화되기도 했다.

『머니볼』에서 야구는 '27개의 아웃이 나올 때까지 끝나지 않는 경기'로 정의된다. 승률을 높이기 위한 요소를 분석하고(세이브 매트릭스) 방대한 양의 과거 데이터를 회귀 분석하여 '득점기대치'를 계산하고 선수의 능력을 파악한다.

미국에는 예전부터 데이터를 중요시하여 인재를 선발하고 평가하는 풍토가 존재했다. 그런데 그 시초를 찾아 올라가 보면 『머니볼』의 세계에 도달한다. 『머니볼』을 보면 미국 메이저 리그에서는 자금이 풍족한 구단이 '(기존의 기준에서) 우수한 선수'를 막대한 연봉을 주고 데리고 오지만, 가장 가난한 구단인 어슬레틱스는 이를 신경 쓰지 않고 세이브 매트릭스 이론에 따라 선수를 선발했고 그 결과 4년 연속 포스트 시즌에 진출하는 강팀이 되었다. 그 과정이 굉장히 통쾌하다. 이와 같은 일이 비즈니스 세계(그중에서도 인사)에서도 실현된다면 어떨까?

서로를 자극하며 능력을 고취시키는 관계를 쌓아가는 전 세계 인재의 자질과 능력을 가시화(데이터화)하여 인공지능을 이용하여 매칭하는 엔진을 개발한다면 어슬레틱스가 스포츠에 큰 변화를 가져온 것처럼 비즈니스도 크게 변할 수 있을 것이다.

구글의
과학적 인재 채용

이미 소개한 『구글의 아침은 자유가 시작된다』에서 저자인 구글의 인사담당 수석부사장 라즐로 복은 통상적으로 이루어지는 면접 중심 채용의 한계를 이야기한다. 즉 면접 담당자가 최초 10초간의 직관으로 판단하거나 학력 등의 필터링을 하기 때문에 결국 '평균적인 인재'밖에 채용할 수 없다는 것이다. 하지만 세이브 매트릭스 이론을 인사 선발 제도에 도입하면 단편적·부분적 정보만으로 판단하던 기존 채용과 다르게 진짜 우수한 인재를 알아볼 수 있게 된다.

글로벌 기업의 경영자로서 경영 전략과 인사 전략에 관여하고 있지만 인사 전문가는 아닌 후쿠하라가 야구의 세이버 매트릭스에 필적하는 인재 평가 체계를 아무것도 없는 상태에서 만든다는 것은 결코 쉬운 일이 아니다. 그래서 이 책의 또 다른 저자인 도쿠오카 고이치로, 도쿄대학 대학총합교육연구센터의 후지모토 도오루, 기무라 미쓰루에게 GROW에 대한 구상을 전했고 흔쾌히 협력을 얻을 수 있었다. 결국 인사, 교육 전문가도 함께 참여하여 글로벌 인재 교육, 인공지능 개발팀의 프로젝트가 진행되었고 이 엔진을 개발하기에 이르렀다.

GROW의 인재 평가 체계는 크게 세 가지 축으로 구성된다. ①기질, ②역량, ③가치관이 그것이다. 이는 일본 기업에서 세계적으로 활약하면서 새로운 가치를 구축할 수 있는 인재에 대해 최신의 인재 이론과 함께 인지신경과학과 행동유전학을 근거로 마련한 것이다.

그중에서 특히 ②의 역량은 세계에서 활약하는 인재의 행동 특성이며 글로벌 전략상 꼭 필요한 능력이다. 다만 이것을 정확하게 측정하는 일은 무척 어렵다.

이론적 사고력을 예로 들어보면 기존의 방법으로는 학생이 작성한 소논문과 면접에서 대답한 내용을 보고 논리적 사고력이 있다고 단정할 수 없는 채용 담당자가 평가했다. 그런데 취업 대책 관련서 등에는 '따라서', '왜냐하면'과 같은 접속부사를 많이 사용하면 논리적으로 들린다(보인다)고 하는 테크닉이 소개돼 있다. 확실히 접속부사를 많이 사용하면 문장과 문장의 연결을 의식할 수 있다는 효과가 있을 수 있겠지만 실제로 논리적 사고력이 있는 것과는 별개의 문제이다.

이 점에서 GROW는 얼마나 정확하게 역량을 측정할 수 있는가에 대한 구체적인 방법론을 제시한다. 물론 이를 실현하기 위해서 그 분야의 전문가에게 맡긴 것이다.

대졸 신규 채용 실현 서비스

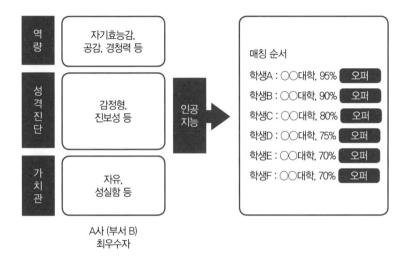

A사 (부서 B)
최우수자

GROW 인재 평가의 축 :
기질, 역량, 가치관

데이터를 중시하던 기존의 방법보다 더 정밀한 방법으로 ②의 역량을 측정하는 것만으로는 GROW가 획기적이라고 말할 수 없다. 중요한 것은 우리가 바라는 '인사 혁명'에 걸맞은 평가 기준인 ①의 기질과 ③의 가치관이다.

①의 기질에 관해서는 환경의 영향도 있지만 유전자의 영향이 크기 때문에 바꾸려 하기보다는 그 특성을 이용하는 방향으로 생각해야 한다. 다르게 표현하자면 주어진 직무 및 기업의 문화에 적응할 수 있는지를 판단하는 것이다.

③의 가치관은 ①의 기질과 ②의 역량을 의식하면서 자신에 대한 정의를 내리는 것으로, 가치관이 기업의 임무와 맞는다면 큰 힘을 발휘할 수 있다.

일반적으로는 ②의 역량으로 우수성이 평가된다. 하지만 역량 있는 인재가 이직해 왔을 때 생각대로 성과가 나오지 않은 경우가 적지 않다. 가장 큰 원인은 개인의 기질 및 가치관이 이직한 기업 문화와 다르기 때문이다. 단순히 보수적인가 혁신적인가 하는 기질이나 가치관의 차이만으로도 인재의 활용 방법이 크게 달라진다. 변화가 당연시되는 시대에 혁신적이고 새로운 것에 도전하는 인재가 높이 평가받는다고 생각하지만 반드시 그런 것만은 아니다.

실제로 대부분의 기업에서는 신규 사업 개발이라도 해도 백지 상태에서의 도전을 반기지 않는다. 아무런 정보도 없는 사업에 진출하면 실패할 확률이 높기 때문이다. 그래서 주변 영역으로 확대하는 방향으로 신규 사업을 추진하는 경우가 많다. 즉 기존의 사업과 방법론을 얼마나 중시하는지에 따라 보수와 혁신으로 나눠지는데, 이는 단순히 이분법적으로 말할 수 있는 문제가 아니다.

예를 들어 현재 출판업계에서는 책의 전자화가 가속화되고 있으며, 전자책에 주력하는 것이 업계 모든 사람의 공통 인식이라고 말해도 좋을 정도다. 하지만 종이책 사업을 완전히 접고 전자책에 특화하는 문제는 다른 차원의 이야기다. 혁신적인 사람이라도 어떤 사람은 '전자책의 수요가 늘어나고 있다고 해도 시기상조다.'라고 생각할 것이고, 또 어떤 사람은 '먼저 하는 사람이 이득이기 때문에 아직 아무도 하지 않은 사업은 할 가치가 있다.'고 생각할 것이다.

어느 쪽이 정답이라고 할 수는 없다. 그러나 어떤 인재의 생각과 전략을 높이 평가하는 기업이 있으면 그렇지 않은 기업도 있다. 이를 기업과 인재의 적합도라고 한다.

GROW에서는 기질과 가치관이라는 평가 기준을 마련하여 기업 문화와 적합한 기질을 가진 인재를 파악할 수 있다. 일률적으로 이 인재는 우수하다, 혹은 우수하지 않다고 평가하지 않는다. 기업별로, 혹은 그 기업 내의 직종별로, 그리고 조직이 원하는 방향성에 따라 우수하다고 평가되는 인재는 각각 다르기 때문이다.

우수한 인재를 적재적소에 배치하여 전체적인 일본 기업의 글로벌 경쟁력을 비약적으로 향상시키는 것이 우리의 간절한 바람이다.

새로운 인재를 통한
조직 개혁

글로벌 인재의 역량은 기업이 글로벌 전략을 추진하는 데 꼭 필요한 자원이다. 즉 사내 인재의 역량을 분석하면 부족한 자원을 파악할 수 있다. 부족한 자원을 보완한다는 명확한 목적이 있다면 새로운 인재를 채용하는 데도 도움이 된다.

물론 기질이나 가치관에 대해서도 마찬가지다. 조직의 개혁은 이질적인 것도 다 받아들여서 화학 작용을 일으키는 것이 좋은 방법이라 할 수 있다. 예를 들어 전부 다 평균으로 맞춘 경쟁심 낮은 조직이라면 경쟁심이 높은 인재를 채용하여 조직의 분위기를 변화시키는 효과를 가져올 수 있다. 이처럼 GROW는 조직에 혁신을 일으키기 위해 필요한 인재를 찾는 도구로도 활용할 수 있다.

실제로 한 조직이 혁신을 일으키고 싶은 경우 조직 구성원의 기질과 가치관, 그리고 역량이라는 통합체를 보고 어떤 혁신을 일으킬 가능성이 있는지 혹은 어떤 기질과 가치관을 가진 인재를 새롭게 채용하면 혁신이 가속화되는지 등 꽤 많은 부분을 과학적으로 분석할 수 있다는 사실이 밝혀졌다.

기질이나 가치관이 달라 기업 문화에 잘 맞지 않는 인재를 채용하여 그대로 방치할 경우 해당 인재는 결국 조기 퇴사를 하게 될 가능성이 크므로 조직에 혁신을 일으킨다는 명확한 목표를 가지고 인재를 활용할 방법을 생각해야 한다. 채용은 경영 전략의 중요한 부분이고 전략은 인사와 함께 이루어져야 한다.

인공지능을 활용한 GROW 시스템의 최대 이점은 기업이 지금까지 쌓아온 암묵지 형태의 채용 전략을 '형식지'로 만들 수 있다는 것이다. 일부 기업에서는 채용 담당자가 바뀔 때마다 입사하는 사원들에게 특징적으로 발생하는 문제점이 지적되곤 하는데, 이런 문제도 크게 줄어들 것으로 보인다.

그리고 인재 채용 과정 전체가 데이터화되기 때문에 채용하는 면접관이 어떤 선입관이나 편견을 가지고 있고 그가 채용한 인재가 후에 어떻게 활약하는지도 추적할 수 있게 된다. 이것이 바로 인공지능×빅데이터 시대의 인재 채용이다.

GROW는
성장의 도구다

GROW의 큰 특징 중 하나는 '타인 평가'를 이용한다는 것이다.

예를 들어 일본의 취업 포털 사이트 리쿠르트가 제공하는 적성검사 SPI의 '납득할 수 없는 것은 납득할 때까지 논의하지 않으면 직성이 풀리지 않는다.'라는 설문에 대해 본인이 5단계라고 대답했다고 해보자. 하지만 자기 평가를 어느 정도 신뢰할 수 있을지에 대해서는 의문이 남는다.

본인이 그리는 이미지는 '침착하고 냉정한 사람'이지만 주변 사람은 '마음에 들지 않으면 얼굴에 드러나는 감정적인 사람'이라고 평가할 수도 있는 것처럼 인식의 차이는 반드시 존재하기 때문이다. 자기 평가와 타인 평가를 함께 활용한다면 더 정확하게 인물을 평가할 수 있다. 이것이 우리가 내린 결론이다.

주변에서 자신을 어떻게 보는지 아는 것은 본인에게 큰 충격으로 다가

올 수 있다. 하지만 타인의 평가를 알아야 나와 주변의 생각 차이를 줄일 수 있고 내가 원하는 모습으로 변하기 위해서 개선해야 할 사고와 행동이 보이기 시작한다.

이런 사고방식은 기존의 '다면평가'와 같다고 할 수 있다. GROW가 기존 방식과 다른 점은 더 객관적으로 데이터화된 과학적인 접근법을 채용했다는 것이다.

GROW는 기업 입장에서 볼 때 채용을 위한 도구지만, 학생 개인에게는 성장을 위한 도구가 된다. 회원 등록을 한 학생은 측정 결과를 볼 수 있다. 그 결과를 단순히 받아들이는 게 아니라 진정한 자신의 모습을 알 수 있게 된다. 그리고 우수한 글로벌 인재가 되기 위해 자신에게 어떤 역량이 부족한지 혹은 더 키워나가야 할 강점이 무엇인지를 알고 앞으로 개선해나갈 방향을 발견할 수 있다. 이것이 바로 GROW가 인재 육성 서비스라 불리는 이유다.

참고로 타인 평가 시스템에는 취업 활동을 돕는 친구들이 서로 높은 평가를 하는 부정행위 문제가 존재할 수 있다. GROW는 노이즈 통계와 사회심리학의 힘을 빌리고 '학습하는 인공지능'을 이용하여 이런 부정행위를 발견하는 기능도 갖추고 있다.

과학적 근거 아래
실시되는 인사

『머니볼』의 오클랜드 어슬레틱스 구단은 세이브 매트릭스 이론으로 비즈니스를 한 것이 아니다. 그럼에도 그 후에 메이저리그의 다른 팀들은 이 사고방식과 방법을 도입하여 야구를 과학적인 것으로 탈바꿈시켰다. 우리가 이 책을 쓴 목적도 일본의 인사 선발이나 평가 제도가 보다 과학적인 근거 위에서 이루어지도록 하기 위해서이다.

앞서 설명한 ①기질, ②역량, ③가치관이라는 평가 기준을 참고하여 스스로 과학적인 평가 체계를 만들어도 좋다. GROW나 이 책에서 힌트를 얻어 비슷한 비즈니스를 시작하는 인재 비즈니스 회사가 등장해도 상관없다. 오히려 세이브 매트릭스 이론처럼 GROW의 사고방식이 일본의 비즈니스 세계에 널리 퍼졌으면 좋겠다.

지금은 누구라도 인공지능×빅데이터 기술을 이용할 수 있는 시대가 되었기 때문에 스스로 인공지능×빅데이터 기술을 활용한 인재 평가 시스템을 구축하는 것도 가능하다.

컴퓨터 프로그램은 초창기와는 비교도 되지 않을 정도로 복잡하고 거대해졌다. 하지만 다른 한편으로는 프로그래밍 언어를 구사하여 프로그램을 모두 작성할 필요가 없어졌다. 개발 도구의 정비 때문이다. 즉 오늘날 프로그래머나 시스템 엔지니어(SE)는 프로그래밍 언어로 프로그램을 작성하는 일이 많지 않은데, 그것은 인터페이스가 되는 메뉴나 버튼 종류를 파워포인트처럼 화면상에 배치하고 라이브러리라 불리는 부분 프로그램을 이용해서 프로그램을 작성할 수 있기 때문이다.

가장 쉬운 예가 웹페이지 작성이다. 웹사이트를 만들 때 전문가조차 컴퓨터 언어인 HTML을 직접 작성하지 않는다. 드림위버라는 툴을 이용해 문장, 이미지, 영상을 배치하면 완성된 사이트가 만들어지기 때문이다. 방문자 수를 표시하는 카운터나 시스템상 처리를 하는 입력 폼 등도 각 프로그램을 추가할 수 있다.

또 다른 배경에는 오픈소스의 등장이 있다. 오픈소스란 소프트웨어 등을 만들 때 해당 소프트웨어가 어떻게 만들어졌는지 알 수 있는 설계지도에 해당하는 소스코드(프로그램)를 인터넷 등을 통해 무상으로 공개하여 누구나 이용할 수 있도록 한 것이다. 리눅스나 구글의 모바일 전용 OS 안드로이드가 대표적이다. 조직의 틀을 벗어나 다양한 연구자와 개발자가 참여하여 우수한 프로그램(기능)과 시스템을 개발하는 것이다. 이미 기계학습이나 딥러닝 프로그램의 부품도 오픈소스로 배포되고 있다. 이것을 이용하면 전문가뿐만 아니라 누구라도 프로그램이나 시스템을 개발할 수 있다.

물론 부분 프로그램은 어떤 데이터를 참조하느냐에 따라 실제 하드웨어나 소프트웨어에 새로운 기능을 끼워 넣을 때 다소의 프로그램 변환이 필요하다. 지식이 전혀 없는 상태에서 만들 수 있을 정도로 쉬운 일은 아니지만, 어느 정도 지식만 있다면 인사부가 독자적인 선발·평가 제도를 개발하는 것이 불가능하지 않다.

프로그램을 개발할 때 전제가 되는 선발·평가 체계도 완전할 필요는 없다. 인공지능은 스스로 학습하여 프로그램의 정밀도를 높여가기 때문이다. GROW 역시 고정화된 프로그램이 아니라 인공지능 엔진이 날마다 평가 항목의 계수를 수정하고 실제 상황에 더 가깝게 진화하는 시스템이다.

모든 프로그램은 개발자의 가설에 기초한 알고리즘을 기반으로 한다. 그렇기 때문에 2008년 리먼 사태 때 알고리즘 거래로 큰 이득을 본 헤지펀드가 큰 손해를 입는 일도 발생했다. 그러나 이것이 '그러므로 주식시장에 과학적으로 접근하는 것은 불가능하다.'라는 결론으로 이어져서는 안 된다. 그보다는 얼마나 더 현실에 가까운 알고리즘을 만들 수 있느냐가 관건이다.

이 문제에 대해 학습 기능을 가진 인공지능이라면 현실에 입각한 프로그램을 스스로 수정하는 것도 가능하다. 처음에는 주관적인 감각으로 만든 알고리즘이라 하더라도 운용하면서 인공지능이 학습을 거듭하면 정밀도를 높일 수 있다. 물론 이로써 완벽해졌다고는 할 수 없지만 최종적인 판단은 인간이 하기 때문에 선발과 평가를 효율적으로 하는 도구로서 큰 판단 기준은 될 수 있다. 비과학적인 학력 스크리닝을 하고 있을 때가 아니다. 인공지능×빅데이터 기술을 활용하면 지금보다 더 적은 수고로 더 정밀도 높은 선발·평가를 할 수 있다.

데이터마이닝의
가능성

데이터마이닝이란 데이터의 상관관계를 자동적으로 발견하여 새로운 정보를 찾는 과정이다. 데이터마이닝의 사례로 자주 언급되는 '휴일에 슈퍼에서 1회용 기저귀를 사는 사람은 맥주를 한꺼번에 구입할 확률이 높다.'라는 조사 결과가 있다.

'왜 이런 상관성이 인정되는가'를 곰곰이 생각해보면 어느 정도 추측이 가능하다. 1회용 기저귀같이 부피가 큰 물건은 보통 주부가 혼자 사서 들고 오기 힘든 상품이다. 게다가 기저귀를 구입하는 것으로 보아 아기가 있다는 사실을 알 수 있는데, 그렇다면 유모차를 끌고 상품을 사야 할 것이다. 그래서 휴일에 남편과 함께 자가용을 타고 와서 쇼핑을 한다. 그때 무겁고 부피가 큰 남편의 반주용 맥주도 함께 구입하는 것이다.

이 데이터마이닝의 사례도 크로스 집계로 알게 된 사실인데, 일부 기업

(특히 POS를 도입한 소매업)에서는 꽤 오래전부터 이런 작업이 적극적으로 이루어졌다. 간단한 데이터마이닝은 엑셀만으로도 할 수 있기 때문이다.

인공지능×빅데이터가 실용화된 지금은 데이터마이닝으로 다양한 사실이 새롭게 밝혀지고 있다. 합리적인 판단을 내리는 데 데이터를 바탕으로 한 과학적인 접근과 분석을 활용하는 것이다.

빅데이터 시대가 되어 데이터마이닝의 가능성은 무한대로 커졌다. 데이터마이닝으로 취급할 수 있는 데이터의 양이 예전과는 비교하기 힘들 정도로 많아졌기 때문이다.

물론 주위에 많은 정보가 흘러넘친다고 말해도 피부로 느끼지 못하는 사람이 많을 것이다. 매년 인터넷을 통해 대량의 정보를 접할 수 있게 되었지만 질적인 변화는 느끼지 못할 수도 있다.

2000년대 들어 정보의 질은 확실히 변하고 있다. 가장 큰 이유는 SNS의 확산이다. 페이스북이나 트위터에 쓰는 글은 분명 작성자의 개인정보다. 근무하는 회사, 직업, 연령, 성, 출신 학교 같은 기본 정보부터 흥미가 있거나 관심이 있는 주제에 대하여 글을 쓰기 때문이다.

예를 들어 페이스북에서 친구를 맺은 사람이 매일 어떤 글을 남기는지를 살펴보면 그 사람이 어떤 사람인지 알 수 있다. 이것을 인공지능 기술을 이용하여 자세하게 분석하면 지금까지 깨닫지 못했던 새로운 사실을 발견할 수 있다.

인간이 쓰는 문장은 그 인간의 사고 패턴 자체다. 문장을 쓴 사람이 논리적인지 아닌지 알 수 있는 것은 물론, 논리를 전개할 때의 습관도 알 수 있다. 긍정적 발언이 많은지 부정적 발언이 많은지에 따라 낙관적인 사고의 소유자인지 비관적인 사고의 소유자인지를 판단할 수 있다. 경우에 따라서는 페이스북에 쓴 글의 내용이나 빈도를 보고 글로벌 인재인지 아닌지도 발견할 수 있을지 모른다.

페이스북이나 트위터에 올린 글까지 개인정보로서 빅데이터를 통해 분석할 수 있는 것은 앞서 말했던 자연언어처리 기술 덕분이다. 물론 SNS에 쓴 글만이 아니다. 일상적인 업무에서 사용하는 메일이나 인사 평가 시 본인이 작성한 자기 평가서도 분석 대상이 된다.

이런 다양한 활용이 구글 등에서 이루어지고 있다. 인공지능이 데이터를 통해 사원을 관리한다는 것에 거부감을 가진 사람이라도 사원의 특성에 대한 이해가 얼마나 중요한지는 부정하지 않을 것이다.

『너를 깨워라』에는 다음과 같은 이야기가 나온다.

먼저 내가 한 일은 군함에 타고 있는 전원의 이름을 외우는 것이었다. 결코 쉬운 일이 아니지만 어쨌든 한 달 안에 310명의 이름과 얼굴을 일치시켜야 했다.

이 면접의 결과가 나 자신과 팀에게 어떤 영향을 끼칠지 처음부터 알고 있었던 것은 아니다. 그저 군함의 환경과 분위기를 바꾸고 싶다는 강렬한 마음뿐이었다.

일대일 면접은 이름, 출신지, 결혼의 유무 등 기본적인 질문부터 시작했다. 아이는 있는가? 있다면 이름은 무엇인가?

그 다음에는 그들이 근무하는 직장인 벤폴드 호에 대해서 물었다. 가장 좋아하는 장소는? 좋아하지 않는 장소는? 바꾼다고 하면 무엇을 바꿀 것인가?

조금 더 깊이 있는 질문도 했다. 고교 시절의 특별한 추억은 있는가? 고향을 떠날 때 어떤 기분이었나?

나는 그들에게 해군에서 달성하고 싶은 목표를 가지고 있는지 물었다. 그리고 해군에 들어온 이유를 물었다. 그때까지 나는 모두가 왜 입대했는지에 대해 알지 못했다.

이야기를 들어보니 젊은 부하의 절반 정도는 대학에 갈 경제적 여유가 없어서 입대를 했다. 제대로 된 직장을 찾지 못하고 무직으로 사느니 해군에 입대하면 기회가 있을지도 모른다는 생각으로 해군이 된 경우가 많았다. 그중에는 어린 시절 부모를 교통사고로 잃고 먼 친척 손에서 자란 사람, 부모가 도박 중독으로 빚만 늘어나고 있다는 사람도 있었다.

대부분 풍족함과 거리가 먼 환경에서 자랐지만 자신의 인생을 무언가 의미 있는 것으로 만들고 싶다는 생각을 하고 있었다. 모두 선량하고 정직하고 근면한 젊은이들이었다. 그들은 존경과 칭찬을 받을 가치가 있는 사람들이었다.

이 면접으로 내 안의 무언가가 바뀌었다. 부하들을 매우 존경하게 되었다. 그들은 내가 큰소리를 지르며 명령을 내리기만 하면 되는 '이름 없는 병사'가 아니었다. 나와 똑같이 희망과 꿈을 가지고 자신의 일에 자부심을 가지고 싶어하는 사람들이었다. 그리고 자신을 존중해 주길 바랐다.

　나는 그들에게 최고의 '응원단장'이 되기로 했다. 부하를 잘 알고 존경하는 내가 어떻게 그들을 호되게 다룰 수 있겠는가. 어떻게 그들을 버릴 수 있겠는가.

이처럼 상사와 회사가 부하에 대해 깊이 알고 있다면 조직은 반드시 강해진다. 하지만 이 책의 저자처럼 한 명씩 찬찬히 시간과 노력을 들여 면접을 보는 일이 쉬운 건 아니다.

그런데 인공지능×빅데이터를 활용하면 이런 문제도 간단히 해결된다. 인공지능×빅데이터는 어디까지나 도구일 뿐이다. 생명이 없는 기계의 비인간적 지배가 목적이 아니라 '인간인 인재'를 선입관 없이 소중히 다루기 위한 수단이다.

개개인을 고려한
인재 관리

　인공지능×빅데이터의 활용으로 사원 한 사람 한 사람의 특성을 파악할 수 있다면 보다 적절한 인재 배치도 가능해진다. 지금까지는 "그 사람은 우수하고 좋은 실적을 올리고 있지만 리더 재목은 아니다."와 같은 주관적이고 감각적인 판단으로 관리자로 승진시켜주지 않는 일들이 종종 벌어졌다. 물론 평소의 언행을 보고 내린 판단이기 때문에 옳은 경우도 있다. 하지만 관리자로 승진을 시켰더니 역할 의식을 가지고 우수한 관리 업무를 보여주는 경우도 있다.

　주관적·감각적 판단에서 벗어나 객관적·과학적으로 판단할 수 있다면 사원들에게도 더 많이 활약할 무대를 제공할 수 있다. 그보다 더 큰 장점은 '되고 싶은 나'가 되기 위해 어떤 기술과 역량이 부족하며 어떤 노력을 하면 좋을지 방향성을 명확히 할 수 있다는 것이다. 이런 인사평가 제도는 전 세계를 무대로 활약하고 싶은 사람이 더 개방적이며 생동감 있게 일하도록 도와줄 것이다.

인공지능×빅데이터는 사원의 멘탈 케어까지 해줄 수 있다. 동기부여나 직장 내 인간관계로 인한 스트레스 등 정신적인 면은 항상 변한다. 그런데 입사 후의 멘탈 케어는 제대로 이루어지지 않고 있다. 미국에서 심리 측정 테스트나 심리 상담을 빈번하게 받게 하여 우수한 인재가 최상의 상태로 활약하도록 돕고 있는 모습과는 퍽 대조적이다.

인공지능×빅데이터로 사원 한 명 한 명의 상황을 파악할 수 있다면 효과적인 사원의 멘탈 케어가 가능하다. 예를 들어 퇴직하는 사원은 퇴직 수개월 전부터 지각과 결근이 많아지는 등 근무 태도가 나빠진다든가 일에 집중하지 않아 실수가 늘어난다거나 성적이 나빠지는 식으로 징조가 보인다. 인공지능×빅데이터가 다루는 SNS의 글 등에서도 흥미나 관심의 방향이 외부로 향하기 시작하는 변화가 보일 것이다. 이런 변화를 미리 인지할 수만 있다면 사원의 이직률도 낮아지고 직장 내 인관관계로 고민하는 직원의 배치전환이 이루어져 새로운 의욕을 심어줄 수 있다.

어렵게 확보한 우수한 인재가 마음껏 능력을 발휘할 수 있도록 좋은 환경을 만들어주는 것이야말로 기업의 책임이다. 이것을 관리자의 생각과 통찰에만 맡기는 것이 아니라 인공지능×빅데이터라는 도구를 이용하여 꿈이 아닌 현실에 다가가도록 해야 한다.

기업 이념에
공감하는 인재

일본의 가구판매업체 니토리 홀딩스는 '주거의 풍요로움을 전 세계 사람들에게 제공한다.'라는 기업 이념을 내걸고 있다.

창업자 니토리 아키오 사장은 미국의 체인점을 시찰 갔다가 저렴한 가격에 잘 갖춰진 상품들, 품질이 일본과는 전혀 달라 충격을 받았다. 이 일을 계기로 많은 일본인이 '주거의 풍요로움'을 느낄 수 있는 생활을 누리게 하겠다고 생각하고 사업을 시작했다.

이 이념을 실현하기 위해 니토리 사장은 인재를 채용할 때 가장 중요한 요건으로 '기업 이념에 대한 공감'을 내걸고 있다. 아무리 우수한 인재라도 하고 싶은 일, 보람이 느껴지는 일이 아니라면 능력을 충분히 발휘할 수 없기 때문이다. 그리고 이는 기업과 인재의 매칭이라는 관점에서도 바람직한 일이다. GROW도 기질, 가치관이라는 평가 기준을 도입하고 있기 때문에 그 생각에 전적으로 동의한다.

　문제는 인재가 기업의 이념에 공감하는지를 어떻게 알 수 있느냐 하는
것이다. 사실 인간은 거짓말을 한다. 취업을 원하는 학생도 마찬가지다.
실제로 크게 공감하지 못해도 공감한다는 듯이 면접에서 대답할 것이다.
앞서 미국의 선진기업이 철저하게 행동특성에 바탕을 둔 평가·측정을 한
다는 이야기를 했는데 문제의 근간이 바로 여기에 있다. 인공지능×빅데
이터 기술을 활용한 과학적인 접근이 바로 인간의 거짓말에 속지 않고
진실을 추구하기 위한 방법론이다.

효율 우선주의
채용의 문제점

오늘날 일본에서 채용 체계가 확립된 것은 거품경제 붕괴 이후다. 모든 기준은 효율화였다.

1990년대 초까지만 해도 많은 기업에서는 명문대 출신의 젊은 사원이 채용을 담당해 대학 후배들을 직접 몇 번이고 만나서 설득하는 인해전술을 주로 썼다. 인사부는 지금보다 규모가 컸고 기업 중에는 '인재개발부'와 같은 명칭으로 불리던 전담 조직까지 마련한 곳도 있었다. 이들이 천천히 시간을 들여 학생의 특성을 파악하고 우수한 사람을 스카우트하는 것이었다.

하지만 거품경제가 붕괴되고 경영 상황이 어려워지자 비생산 부문인 인사에 많은 인원을 할당할 여유가 없어졌다. 수만 명 규모의 대기업에도 인사부 직원은 10명 남짓이었고(급여 계산 등의 사무는 외부업자에 위탁),

채용 담당자는 한두 명뿐이었다. 이전의 방법으로는 도저히 인사부를 운영할 수 없었다.

이와 같은 상황에서 인재 비즈니스 업자들이 생각한 효율화의 방법이 입사 지원서다. 그래도 인사부의 일손은 여전히 부족했다. 인기 기업은 10만 개가 넘는 입사 지원서를 받게 되기 때문이다. 학력 스크리닝도 이런 배경에서 생겨난 것이다. 즉 입사 지원서를 다 읽지 않고 출신 학교가 쓰인 란에서 이미 한 번 거르는 것이다.

2000년이 되면서 취업 사이트 등을 경유한 지원이 시작되었다. 이에 따라 인사부의 부담이 크게 줄어들었고 효율화·비용 절감이라는 방침 아래 이 체계가 그대로 유지되어 오늘날에 이르렀다.

이렇게 정식화된 채용은 채용 활동의 효율화에 크게 기여했지만 한편으로 많은 문제를 발생시켰다. 학생들 사이에 취업 대책이 매뉴얼화된 것이다.

학생 입장에서는 입사 지원 후 채용 세미나, 필기시험을 거쳐 면접을 하는 채용 방식이 확립되면서 대책을 세우기가 쉬워졌다. 1990년대부터 매년 개정판이 나오는 『면접의 달인』 같은 책을 활용해 면접에서 모범 답안을 그대로 사용하는 매뉴얼화가 진행된 것이다.

이렇게 되면 면접에서 학생을 평가하기가 어려워진다. 입사 지원서의 작성 방법을 지도하는 책, 취업 학원까지 등장하여 매뉴얼화된 취업 대책이 점점 확산되고 있다.

학생들은 취직을 위해 매뉴얼화된 취업 대책을 세우고 우수한 인재처럼 보이게 자신을 포장한다. 그래서 인사부가 우수한 인재를 알아보기가 더 어려워졌다.

많은 기업이 이용하는 사실상 표준 테스트가 되어버린 SPI는 리쿠르트(현재는 그룹 회사인 리쿠르트 매니지먼트 솔루션즈)가 제공하는 적성 검사로, 크게 성격과 지적 능력 두 부분을 평가한다.

능력 측정은 기본적인 학력 테스트이며 이 대책을 세우는 학생들은 1980년대부터 존재했다. 성격 측정은 '외향적/내향적', '직관적/관념적', '이성적/감정적', '지각적/판단적'이라는 네 가지 지표를 활용하는 성격 유형을 이용한다.

원래 성격유형에는 무엇이 좋고 무엇이 나쁘다는 가치 판단이 들어가지 않는다. 하지만 '필요한 인재 요건'으로 '커뮤니케이션 능력', '논리적 사고력', '긍정적인 사고'를 내거는 기업이 늘어나면서 특정 성격유형을 우수하다고 보는 잘못된 운용 방식이 확산되었다.

예를 들어 '내향적 성격보다는 외향적인 성격이 사교적이고 커뮤니케이션 능력도 뛰어나다.', '감정적 성격보다는 이성적인 성격이 논리적 사고력이 뛰어나다.'와 같은 것이다. 이에 따라 본래 적성 판단을 위해 실시하던 성격 측정 테스트까지 취업 대책의 대상이 되었다.

이렇게 되면 테스트 결과로 나온 성격유형이 그 학생의 진짜 성격을 반영하고 있는지도 애매해진다. 학생을 판단하는 기능을 상실한 것이다.

직무 순환의
폐해

힘든 선발 과정을 거쳐 회사에 입사한 신입사원들이지만, 막상 회사는 사원의 적성에 맞게 적재적소에 직무 배치를 하는 일에는 크게 신경 쓰지 않는다. 바로 '직무 순환'이라는 인사제도 때문이다.

일본 기업의 경우 신입사원은 종합직(종합적인 판단이 필요한 기간적 사무에 종사하는 정사원, 크게 사무계 종합직과 기술계 종합직으로 나뉜다)으로 채용되는 것이 일반적이다. 표면적으로 종합직은 간부 후보로, 회사 전체를 대국적으로 생각하는 제너럴리스트로 채용된다. 그래서 다양한 부서에서 경험을 쌓게 하려고 수년에 한 번씩 이동을 반복하는데, 이것이 직무 순환이다.

발상 자체는 나쁘지 않지만 적성을 형식지로 판단하지 않는다는 점에서 문제가 있다. 직무 순환을 하다가 상사가 마음에 들어 자기 부서에 계속 두기도 하고, 경험을 쌓은 부서의 근무 상황(사실은 직무 내용의 문제가 아니라 상사와의 인간관계가 문제일지도 모르지만)에 따라 "저 직원은 ○○이 잘 맞는 것 같다."라고 판단될지도 모른다. 이런 상황적인 요소에 따라 적성을 판단하는 일이 자주 일어나, 과학적인 접근에 따른 인원 배치가 이루어지지 않는 것이 현실이다.

인사부가 다시
기업의 핵심이 되려면

　예전에 기업 인사부는 본사 기능의 핵심적인 위치에 있었다. '사업은 사람에 달렸다.'는 말도 있는 것처럼 이것이 본래 인사가 있어야 할 위치이다. 인재의 중요성은 변하지 않았지만 현재 많은 기업에서 인사부는 사무국 역할만 하고 있다.

　인사부가 효율화와 비용 절감을 추진하는 가운데 현장의 업무는 전문화·고도화되어가고 있다. 그에 따라 인사부는 사원이 직무상 필요한 기술을 가지고 있는지 없는지 판단할 능력을 잃어버리게 되었다.

　인사부는 현장에 인원이 부족한지 아닌지를 판단하는 권한조차 없다. '바로 투입되어 일할 수 있는 엔지니어가 ○명 필요하다.'는 현장의 요청에 따라 채용 공고를 내거나 헤드헌팅회사, 파견회사에 연락하는 역할만 하게 되었다.

채용 판단을 하는 것도 인사부가 아니라 사업부 책임자다. '인사를 맡겨도 적절한 사람을 채용하지 못한다.'며 인사부에 대한 평판이 좋지 않고, '제대로 된 인재인지 판단할 수 있는 곳은 현장'이라는 분위기도 형성돼 있다. 하지만 사업부는 인사 전문가가 아니다. 어떤 인재가 어떤 직무를 제대로 수행할 수 있을지 정확하게 판단할 수 없다.

1990년대 이후부터는 인사에 대한 지식과 인재 관리의 중요성이 점점 옅어지는 가운데에도 과거에 축적된 내용을 바탕으로 어떻게든 버텨왔다. 하지만 성과주의 도입과 종신고용, 연공서열의 부정으로 급격하게 인재의 유동성이 높아지는 가운데 이대로는 그마저도 잃을 수 있는 상황이다. 지금은 당장 직면한 불황을 어떻게 극복할 것인지가 초미의 관심사지만 과거의 인사에 대한 지식과 경험을 다시 되짚어보고 새로운 인재 패러다임을 모색하지 않는다면 다음 세대에 비약하기 위한 일본의 강점을 재구축할 수 없다.

인사에 대한 지식과 경험이 완전히 사라지기 전에 일본 인사의 새로운 콘셉트를 창조할 필요가 있다. 그것이 완전히 사무국이 되어버린 인사부가 기업의 핵심으로 복귀할 수 있는 유일한 길이다.

애매해지는
채용 기준

    고도성장기에는 수요가 공급을 크게 웃돌았기 때문에 열심히 일하면 열심히 일한 만큼 실적을 올릴 수 있었다. 또한 '미국을 따라잡고 넘어서자.'는 구체적인 목표가 있었다.

    이런 시대에는 우수한 인재의 정의가 명확했다. 정해진 일을 가장 효율적으로 처리하는 인재가 곧 우수 인재고, 학력 테스트 등으로 능력을 측정하면 알아볼 수 있었다. 그리고 '비즈니스에서 우수한 인재란 목표 달성을 위해 꾸준히 노력하는 능력을 갖고 있는 인간이다. 수험 경쟁에서 살아남은 명문대 출신자, 동아리 활동이나 학생회 활동에서 리더십을 발휘한 사람들이 이에 해당한다.'는 생각으로 채용 활동이 이루어졌다. 현재 이루어지고 있는 학력 스크리닝 이전에는 응시 자격을 일정 대학에 한정하는 지정학교 제도도 존재했다.

고도성장기가 끝나자 기업은 우수한 인재의 조건으로 '발상력'이나 '창의성'을 추구하기 시작했다. 그러나 '발상력'이나 '창의성'을 판단하는 일은 쉽지 않다. 집단으로 게임이나 토론 등의 채용 테스트를 하고 있지만 최종적으로는 채용 담당자가 주관적으로 판단하기 때문에 제대로 기능하고 있다고 말하기 힘들다. 지원자가 기업이 원하는 인재상을 연기할 수 있다는 점도 문제였다.

　거품경제 붕괴 이후 기업이 살아남기 위해 효율성을 중심에 두고 채용에 나섰다는 사실은 이미 언급한 바 있다. 이 시점에서 '발상력'이나 '창의성'을 정확하게 평가해야 한다는 문제의식을 갖고 채용 기준을 확립했다면 과학적인 접근이 가능했을지도 모른다. 하지만 '잃어버린 20년'이라는 시대적 배경도 있었기 때문에 실현되지 못했다.

　최근 신규 채용에서 추구하는 인재 요건 중 가장 많은 것이 '커뮤니케이션 능력'이고, 뒤이어 '논리적 사고력'과 '긍정적 사고'를 꼽는다. 이 세 가지 요건은 시대의 키워드로 특별한 이유 없이 선정된 것이며, 요건을 갖춘 인재인지 아닌지도 특별한 근거 없이 판단되고 있다. 또한 각 기업에서 진정 필요한 요건인지도 진지하게 논의되지 않은 상태다.

　한 중견 식품상사의 채용 담당자가 "우리는 커뮤니케이션 능력이 뛰어나고 사회성이 좋으며 논리적 사고력과 비판적 사고력이 우수하며 낙관적인 사고로 무슨 일이든 긍정적으로 임하는 활기찬 사람을 원한다."라고 말한 적이 있다. 물론 이런 인재가 있다면 그 기업뿐만 아니라 어떤 기업이라도 입사하기를 간절히 바랄 것이다. 그런데 식품 도매 업무를 할 때 이런 능력이 전부 필요할까?

비즈니스 서적에 쓰인 '뛰어난 인재의 조건'을 그대로 빌려오는 것이 아니라 그 기업에 진짜 필요한 기술과 역량에 대해 진지하게 논의해 '해당 기업의 우수한 인재'를 독자적으로 정의하고 채용 기준을 명확히 해야 한다. 그래야 '다른 기업에서 불합격한, 결점이 있기는 하지만 충분히 능력을 발휘할 인재'를 확보하게 돼 채용 전략상 유리할 수 있다.

이와 같은 방식이 '모든 기업에서 원하는 극히 소수의 뛰어난 인재'를 획득하는 것보다 훨씬 현실적이며 생산적이다. 이 부분이 누락되면 인공지능×빅데이터를 인재 선발에 이용한다 해도 적재적소에 인재를 배치할 수 없다.

GROW가
일본의 취업 활동을 바꾸다

　대학생들이 취업 활동을 할 때 느끼는 큰 불만 중 하나가 기업이 어떤 능력을 원하는지 잘 모르겠다는 것이다. 실제로 기업의 면접관들조차도 역량, 기질, 가치관의 정의를 잘 알지 못한다. GROW는 기업의 이런 암묵지를 가시화하여 학생들에게 제공함으로써 입사 후 기업과 사원 간 미스매치를 줄여나간다. 그리고 차츰 기업의 채용에서 직업의 채용으로 바꿔나갈 수 있다.

　한편 취업을 원하는 대학생은 GROW 같은 서비스를 이용하면서 4년간의 학교 생활 동안 많은 경험을 쌓고 자신을 진지하게 살펴보았기 때문에 대졸자 취업 활동에 크게 휘둘리지 않는다는 장점이 있다.

GROW 시스템을 이용하는 이점

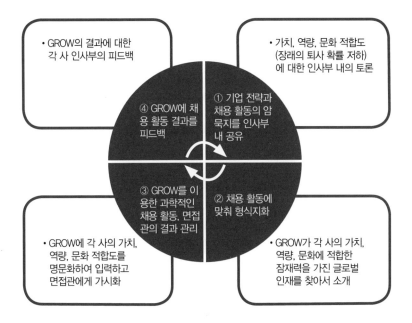

취업 희망자들 사이에 인기 기업이라서 혹은 부모가 추천했다는 이유로 자신의 적성에 맞지 않는 기업에 입사하는 경향이 나타나는 것도 큰 문제다. GROW는 학생에게 적합한 기업이나 직종, 장래의 경력에 대한 가능성을 조기에 제시하기 때문에 미스매치를 해소할 수 있다.

후생노동성·문부과학성의 조사에 따르면 최근 수년간 대졸자의 3년 이내 이직률이 30%를 넘는다고 한다. 취업 활동에 들어가는 막대한 비용을 생각하면 이 문제는 사회에도 큰 부담이다. 이런 미스매치를 해소하기 위한 노력이 기업과 학생 양쪽 모두 필요하기 때문에 인공지능×빅데이터의 이용이 어느 때보다 절실하다.

아직 큰 바다에 작은 돌멩이 하나를 던지는 정도이지만, 학생들이 전 세계에 통용되는 능력을 기르는 데 전념하도록 만들고 그들의 잠재력을 평가하여 세계적으로 새로운 가치를 창조하는 기업에 기여하도록 만드는 것이 GROW의 목적이다. '대학에 다니는 동안 진정한 글로벌 인재로 성장하는 모습'이 평가되는 취업 활동을 실현하여 기업과 학생 쌍방이 윈윈하는 관계를 구축하는 것이다.

인재 선발·평가의 객관적·과학적 기준을 확립하는 첫 단계는 현실의 사업과 업무 내용에 따라 '진정으로 어떤 인재를 추구하는가'를 진지하게 논의하는 것이다. 이를 위해서는 인사부의 독단이 아니라 경영진이 함께 관여하는 것이 필요하다.

그리고 기왕 채용한 인재가 기업 문화와 맞지 않는다는 이유로 그만두지 않도록, 현재 재직 중인 사원들 중에서 활약하고 있는 이들이 어떤 사람인지를 다시 분석하는 것도 중요하다. 인공지능×빅데이터 기술은 이런 분석을 하는 도구로서 큰 도움이 될 것이다.

| CHAPTER 7 |

인공지능×빅데이터 시대
인사에서 살아남는 법

***

세계적으로 엘리트라 불리는 사람들은 예외 없이 자국의 역사와 문화를 잘 알고 있다. 즉 진정한 글로벌 인재가 되고 싶다면 자국의 역사와 문화를 배우고 교양을 쌓아야 한다. 자신의 정체성을 확립한다면 외국 문화와의 차이를 깨닫기 쉽다. 차이를 안다면 상대방을 이해하고 인정할 수 있다.

■

이 장에서는 일본에 다가올 인사 혁명에 앞서 미래에 살아남기 위한 지침과 전망에 대한 이야기를 해보겠다.

먼저 '프로그래밍'에 대한 이야기부터 해보자. 프로그래밍이라고 하면 이과 계열로 전문성이 높은 프로그래머와 같이 특수한 일부 사람들이 익히는 기술을 떠올리는 사람이 있을지도 모른다. 하지만 프로그래밍 활용 능력은 앞으로의 글로벌 인재에게 꼭 필요한 것으로 제2외국어에 필적할 정도의 필수 능력이다. 앞서 언급한 전공이 문학이고 부전공이 인공지능인 대학생을 떠올려보면 좋을 것 같다.

지금은 프로그래밍 언어 없이도 프로그램을 만들 수 있는 시대다. 보기 좋게 부분 프로그램을 배치하는 것만으로도 프로그램을 만들 수 있는 개발 환경이 마련되어 있기 때문이다. 오픈소스 전성시대를 맞아 일반에게 공개된 부분 프로그램을 이용한다면 프로그램의 기본을 이해하는 사람은 누구나 간단히 프로그램을 만들 수 있다.

프로그래밍 능력은
필수 조건

프로그램이 부분 부분의 덩어리라고 생각하는 '부분 프로그램'이라는 사고를 '오브젝트(객체) 지향'이라고 하는데, 그 원류가 된 것이 선마이크로시스템사가 개발한 프로그래밍 언어 '자바(Java)'이다. 자바는 현재 널리 이용되고 있는데 미국을 비롯한 선진국, 그리고 IT 대국을 꿈꾸는 인도 등에서는 초등학교의 필수과목으로 지정되었다.

비즈니스를 효율화·다면화하는 도구로 IT를 이용하는 것은 당연한 일이다. 앞으로의 글로벌 인재는 당연히 IT 기술을 배워야 한다. 단순히 컴퓨터의 조작 방법을 아는 수준이 아니라 프로그래밍을 할 수 있는 정도가 되어야 경쟁력을 가질 수 있다.

그렇다면 일본은 어떤가? 초등학교는커녕 고등학교, 대학교 등의 고등교육기관에서도 충분한 IT 교육이 이루어지지 않는다. 인터넷 사용 방법,

엑셀 조작 방법을 가르치는 정도다. 중학교부터 배우는 프로그래밍도 스크래치(Scratch)라는 블록을 쌓아 프로그램을 짜는 정도의 수준이다. IT, 특히 프로그래밍을 가르치는 인재가 일본에는 아직 충분하지 않다는 것이 그중 한 가지 이유로 거론된다.

특히 일본에서 IT, 인터넷이 활발하게 이용되지 않던 1995년 이전에 사회인이 된 세대는 제대로 된 IT 교육을 받은 적이 없다. 필요성이 대두되면서 전자메일이나 웹브라우징 정도는 가능해졌지만 '경영×IT'가 전 세계의 표준이 된 지금은 경쟁력이 없다.

IT 지식이 있는 최고정보책임자(CIO) 등이 IT 전략을 추진하고는 있지만 몇몇에게 모든 것을 맡기는 상황에서는 IT 활용의 아이디어나 질 모두 경쟁력이 떨어진다. 현재 전 세계의 사물인터넷 상황을 봐도 해외 기업들은 사업화를 염두에 두고 일을 진행하는 데 비해 대부분의 일본 기업은 생산 관리나 물류 관리라는 사내 활용에 그치고 있다.

사물인터넷의 활용을 CIO에게만 맡겨서는 인공지능×빅데이터의 도입은 시간이 지나도 실현 불가능하다. CIO가 인사 전문가가 아닌 이상 이런 발상을 기대할 수 없기 때문이다.

IT에 대해서 CIO와 진지하게 대화할 수 있도록 인사부도 IT와 프로그래밍을 이해하고 있어야 한다. 그리고 세계적으로 활약하는 것이 목표인 사람이라면 이것이 세계의 상식이라는 인식을 가지고 독학으로라도 프로그래밍을 학습할 각오를 다져야 한다. IT는 세계를 무대로 글로벌 인재들과 함께 경쟁하기 위한 비즈니스 기술이기 때문이다.

학습의 장은
열려 있다

컴퓨터 프로그래밍을 배우려면 어떻게 해야 할까? 걱정할 필요 없다. 학습의 장이 인터넷을 통해 누구에게나 열려 있기 때문이다.

이런 학습의 장으로 많은 글로벌 인재가 이용하는 것이 바로 무크 (MOOCs)이다. MOOCs는 'Massive Open Online Courses'의 약자(마지막의 소문자 's'는 복수형이라는 뜻)로 '대규모 공개 온라인 강좌'라는 의미이다. 2012년 미국에서 시작된 이후 급속하게 전 세계로 확대되고 있다.

즉 누구나 인터넷을 통해 대학의 강의를 수강할 수 있는 시대가 된 것이다. 게다가 일부 유료 강좌를 제외하고는 기본적으로 수강료가 무료다.

무크의 강좌를 모두 수료하면 '수료증'을 교부한다. 인사부는 자신들의 기술 향상뿐만 아니라 전 사원에게 무크의 수강을 장려하여 사내 인재의 기술 수준을 끌어올리는 것을 고려해볼 만하다.

무크의 강의는 인터넷 시청으로만 끝나지 않는다. 강의는 미리 게시한 스케줄대로 이루어지고 정기적으로 시험을 보고 리포트도 작성해야 한다. 물론 수료한 강의는 대부분 보관되기 때문에 처음부터 끝까지 한꺼번에 들을 수 있고 중간부터 들어 다음 강의까지 따라잡을 수도 있어 자신이 원하는 강의가 시작될 때까지 기다리지 않아도 된다. 강의를 듣고 싶을 때 바로 시작할 수 있다.

그 밖에도 무크의 매력은 다양하다. 우선 강의 비디오가 짧게 나눠져 있어서 시간을 내기 힘든 회사원이라도 시도하기가 쉽다. 인간이 집중력을 유지할 수 있는 시간은 약 15분이라고 하는데, 이 정도 수업이라면 집중력을 유지하기도 쉬울 것이다.

전 세계의 무크 수강자와 교류가 가능하다는 점도 매력적이다. 무크에는 포럼이라고 불리는 전자게시판이 마련돼 있어 강사와 수강자, 혹은 수강자끼리 커뮤니케이션을 할 수 있다. 수강자끼리 과제를 채점하는 '동료 평가' 방식을 채용하는 강의도 많다.

독학으로는 자신이 어느 정도 수준인지 알기 어려워 동기부여가 힘들지만 다른 수강자들과 교류하면 공부하는 데 자극이 된다. 전 세계 사람들과 커뮤니케이션을 할 수 있어 영어 실력을 높이는 데도 도움이 될 것이다. 잘 활용한다면 글로벌 인재들과의 교류의 장을 넓혀 비즈니스에도 도움이 될 수 있다.

인공지능×빅데이터를 배우려면
미국 무크를 이용하라

일본판 무크가 등장하여 일본인들도 배우기 쉬운 환경이 조성되었다. 하지만 역시 추천할 만한 것은 본고장인 미국의 무크다.

그 이유는 미국이 세계의 최첨단을 걷고 있기 때문이다. 최첨단 전문가와 연구자를 목표로 하지 않는다 해도 이를 접해보는 것은 의의가 크다. 전 세계 유력 벤처기업의 대부분이 미국에서 탄생하는 이유를 알 수 있을 것이다.

베이즈 통계 등 인공지능×빅데이터 관련 공개강좌가 아직 일본판 무크에는 없다는 것도 중요한 이유다. 결국 세계 수준의 지식과 이해를 높이려면 본고장 미국의 무크밖에 없는 것이다.

많은 일본인에게 언어는 큰 벽으로 다가올 것이다. 영어로 진행되는 강의는 따라가기가 쉽지 않다. 그러나 세계를 상대로 경쟁하려면 그 정도

벽은 뛰어넘어야 한다. 특히 인사 관련 업무를 하는 사람은 영어를 모른다면 글로벌 인재 확보 경쟁에서 이길 수 없다.

고맙게도 무크의 대부분 강의는 영어를 비롯하여 다언어 자막이 준비되어 있다. 일본어 자막이 준비된 강의는 아직 많지 않기 때문에 듣고 싶은 강의를 일본어 자막으로 수강할 수 없을지도 모른다. 그럴 경우 교양 강좌, 어학 강좌를 듣는 것처럼 수강한다면 서서히 영어 알레르기가 사라질 것이다.

영어와 프로그래밍만
가능하면 될까?

영어와 프로그래밍이 전 세계에서 활약하는 인재의 필수 기술이라는 사실은 틀림없다. 하지만 이것만으로 글로벌 인재들과 어깨를 나란히 할 수 있을까?

1980년대 후반부터 2000년 초반까지 일본에서 크게 유행했던 해외 유학이 현재는 크게 줄어들었는데, 그 원인은 해외 유학생의 취업이 힘들어졌기 때문이다. 실제로 1980년대 후반부터 1990년대 중반까지는 해외 유학생들이 앞으로 기업을 책임질 인재라는 큰 기대를 받았다. 하지만 막상 뚜껑을 열어보니 비즈니스에서 뛰어난 활약을 보이는 해외 유학생은 거의 찾아보기 어려웠다. 이후 '해외 유학생은 쓸모가 없다.'는 인식이 인사 분야에 정착되었다.

그 이유는 간단하다. 영어는 커뮤니이션 수단일 뿐 단순히 영어를 말할 수 있다는 것 외에 다른 역량이 없다면 회사에 아무런 도움이 되지 않기 때문이다. 최첨단을 달리는 미국에서 인공지능×빅데이터를 전공하고 새로운 비즈니스의 가능성을 개척하겠다는 의지를 가진 사람이라면 몰라도 단순히 어학을 배우기 위해 유학을 간 학생은 오히려 기업에서 꺼리는 것이다.

미국 기업 역시 일본인 유학생을 좀처럼 채용하지 않는다. 영어를 구사하는 것은 일반 미국인들과 같은 조건일 뿐, 플러스 알파가 없다면 특별히 채용할 이유가 없기 때문이다.

유학 경력이 취직할 때 불리하다는 이유로 국내 지향성이 강해진 일본인도 문제가 있다. 영어 구사력 이외에 어떤 기술과 역량이 필요한지를 다시 생각하지 않는다면 진정한 글로벌 인재가 될 수 없다.

무크를 통해서 인공지능×빅데이터, 그리고 세계적으로 필수 기술이 된 프로그래밍을 배워야 할 필요성을 강조했다. 이 사실을 인식하지 못한다면 예전의 '글로벌 인재의 조건=영어 능력'이라는 일본인의 착각이 '글로벌 인재의 조건=영어 능력+프로그래밍'으로 바뀌었을 뿐 본질적으로는 아무것도 변하지 않은 것이다.

세계화 시대에는
자신을 먼저 알아야 한다

그렇다면 진정한 글로벌 인재가 되기 위한 대전제는 무엇일까? 그것은 바로 자신의 정체성을 확립하는 일이다.

다른 나라 사람과 이야기를 나눌 때 반드시 듣는 말이 바로 일본, 일본인에 관한 이야기다. 제도, 풍습, 문화, 가치관이 다른 나라의 사람들이 인간관계를 긴밀히 하기 위해서는 서로 다른 부분을 이해하고 대화를 나누는 상호 이해가 필요하다. 일본인으로서 일본, 일본인에 대해서 이야기하지 못한다면 '뭔가 재미없는 사람'으로 여겨질 수밖에 없다.

미국이든 영국이든 세계적으로 엘리트라 불리는 사람들은 예외 없이 자국의 역사와 문화를 잘 알고 있다. 즉 진정한 글로벌 인재가 되고 싶다면 자국의 역사와 문화를 배우고 교양을 쌓아야 한다.

자신의 정체성을 확립한다면 외국 문화와의 차이를 깨닫기도 쉽다. 차이를 안다면 상대방을 이해하고 인정할 수 있다. 또한 글로벌 사회에서 활약할 수 있는 사람은 독자적인 가치관과 관점을 가지고 다양성에 기여하는 인재이다. 일본인이라면 일본적인 가치관과 관점을 가지는 것이 중요하다.

안타깝게도 일본인은 이런 인식이 희박하다. 일본의 교육은 지식을 주입하고 정답을 도출하는 것에만 중점을 두고 있다. 고도성장기에는 성과를 올릴 수 있는 방법이었겠지만 미래를 예측하기 힘든 시대인 현대사회에는 이런 방법이 통용되지 않는다.

2000년경 주입식 교육에 대한 반성에서 유토리 교육(자율성을 중시하는 탈주입식 교육)을 시작한 일본은 이후 학력 저하라는 문제를 겪고 다시 기존 교육 방침으로 돌아왔다. 당시의 일본이 찾은 유토리 교육은 '답은 하나밖에 없다.'고 생각해온 교육 분야에서는 획기적인 일이었지만 막상 교육 현장에서는 유용하게 활용되지 못했다. 외국의 교육 프로그램을 보다 철저히 연구하여 이를 바탕으로 일본의 새로운 교육 프로그램을 구축해야 할 때가 온 것이다.

자신만의 가치관과 철학이
중요한 이유

저자 중 한 명인 도쿠오카는 닛산자동차 시절에 옥스퍼드대학에서 경영학을 공부하면서 대처 정권의 개혁을 직접 목격했다. 그리고 경영과 리더십은 단순한 지식이나 기술로 되는 것이 아니라 사람의 실제 삶의 모습 그 자체이며 깊은 교양과 신념이 있어야 가능하다는 사실을 통감했다. 후쿠하라 역시 일본의 대학을 졸업하고 은행에 취직한 뒤 기업 유학생으로 유럽경영대학원 인시아드(INSEAD), 파리 공립경영대학원 그랑제콜 HEC(Grandes Ecoles HEC)에서 경영학과 국제금융을 공부했다. 일본 기업에서 나와 세계로 나아가면서 후쿠하라가 가장 절실히 느낀 것은 '교양의 결여'였다.

여기서 말하는 교양은 주입식 '지식'이 아니다. 프랑스의 정치가 에두아르 에리오가 말한 것처럼 "교양은 모든 것을 잊어버렸을 때 남는 것이며 모든 것을 배운 뒤에도 부족한 것"이다. 즉 행동의 축을 구축하는 것이 교양이다.

해외의 명문 학교에서는 일본과는 완전히 다르게 입시에서 지식보다는 깊은 사고가 가능한지를 본다. 입학 후에도 풍부한 지식을 축적하는 동시에 사상이나 철학 문제에 대해 깊이 사고함으로써 사고력을 키우는 교육을 적극적으로 실시한다. 후쿠하라는 배운 지식을 그대로 받아들이고 깊이 사고하지 않았던 자신의 얄팍함에 깜짝 놀랐다.

몸에 익힌 교양이 자신의 가치관이 되고 철학이 되는 것이다. 이를 명확히 하고 흔들리지 않는 사고의 중심을 가지는 것이 진정한 글로벌 인재가 되기 위해 꼭 필요한 요건이다.

인공지능×빅데이터에
지배당하지 않으려면

많은 사람이 우려하는 '인공지능×빅데이터가 지배하는 사회'가 되지 않기 위해 우리는 어떻게 해야 할까? 대답은 '자신이 어떤 생각을 하며 무엇을 소중히 생각하는 사람인지, 우리 사회가 어떤 생각을 하고 무엇을 소중히 생각하는 사회인지'에 대한 가치관과 철학을 확고히 하는 데 있다. 그래야 인공지능×빅데이터의 결론에 대해 '우리 사회가 소중히 생각하고 추구하는 것을 실현하기 위해서 적절한지 아닌지'를 판단할 수 있기 때문이다. 즉 최종적으로 인간이 판단하기 위해 필요한 것이 가치관과 철학이다.

더 나아가 '자신이 어떤 생각을 하며 무엇을 소중히 생각하는 사람인지'에 대한 가치관과 철학이 있다면 자신이 어떤 사회에 살고 어떤 일을 하면 행복한 인생을 보낼 수 있는지 알 수 있다. 취직을 위해서 다른 사람이 될 필요도 없다. 기술과 역량을 높이는 노력은 필요하지만 성격이나 가치관이라는 자신의 근간에 대해 거짓말을 해서는 안 된다.

인재와 기업의 가장 좋은 조합이 이루어지는 사회, 더 생동감 넘치는 사회가 되면 좋겠다.

지식을 창조하는 인사는
어떻게 해야 할까?

우리는 급격하게 변화하는 환경 속에 놓여 있다. 기업이나 조직, 나아가서는 개개인에게도 항상 혁신이 요구된다. 가지고 있던 강점이 한순간에 사라져버릴 위험도 항상 도사리고 있다. 그렇다면 현실의 기업 활동이란 시간·장소·사람 등으로 구성된 '그때그때 다른 관계성' 속에서 더 좋은 미래를 위해 계속 변화하는 것이라 볼 수 있다.

도중에 멈추지 않고 계속 앞으로 나아가려면 정말 하고 싶은 게 무엇인지에 대한 인간의 '생각'이 가장 중요하다. 상황을 구성하는 관계성을 관찰하면서 시대를 미리 내다보고 원하는 미래상을 결정하는 원천은 바로 리더와 사원의 주관일 수밖에 없다.

사람들이 가진 신념이나 철학을 바탕으로 독자적인 목표를 세울 수 있다. 그 목표가 리더나 사원들의 생각이 담긴 혁신으로 이어진다. 인간의 주체성을 되찾고 지(知)를 창조하는 흐름을 만들기 위한 기반인 것이다.

인재와 문화를 키워서 단단하게 만들어야 할 책임이 인사에 있다. 인사의 본래 모습은 개개인에게 초점을 맞춰 사내의 지식을 내다보고 연결하여 자극하는 것이다. 모든 것을 고착화시켜 제도로 만드는 데만 신경을 쓰는 것이 아니다. 조직의 구성원이 축적된 지식에 대해 서로 토론하고 올바른 것이 무엇인지를 상황에 맞게 판단하여 실천에 옮긴다. 최선의 답이 무엇인지 알지 못하지만 개인과 집단이 '그 상황'에서 제대로 된 해답을 찾아간다. 즉 지식을 창조하는 현장을 항상 주시하고 관리하여 윤활유로서 활성화하는 연속적인 활동이 바로 인사다.

인사는 현장을 다니며 대화를 나누고 불만을 듣는 가운데 자연스럽게 현장 사람들에게 내면화된 환경 인식과 시장관을 이해한다. 대응이나 대책에 반영하려는 개인들의 생각에 공감하여 조직의 힘을 강화하는 암묵지가 인사의 노하우이며 역량이다. 그리고 현장의 실제 모습과 역사를 파악하여 조직에 받아들임으로써 조직의 능력을 키우고 문화로 정착시켜나간다.

하지만 이런 일련의 활동은 실제 감각으로 판단하는 인사의 힘에 기댈 수밖에 없는 측면이 있기 때문에 다양화·세계화 시대에는 매우 번거로운 작업이 될지도 모른다. 또한 지식을 창조하는 과정에서 사람이나 조직을 책임과 권한에 따라 나누는 것이 아니라 생각에 따라 함께한다. 기획과 운용이 혼연일체가 되어 본사와 현장의 거리를 축소하고 부문 간의 벽도 낮춘다.

속도나 비용을 중요하게 생각하는 시대에는 정사원과 파견사원, 본사와 현장, 기획과 셰어드 서비스, 본체와 관련 기업, 일본과 해외처럼 이익을 내기 위해 기업이 모두 분리되고 부서 이기주의가 만연하는 경향이 있다. 합리적이고 분석적인 발상은 지식을 이어나가는 프로세스를 끊어버려 지식의 빈곤화, 지식의 착취를 초래하는 원인이 된다.

이처럼 세계화, 다양성, 속도가 중요시되는 현 상황에서 소프트웨어 면의 프로세스로 지식 창조를 촉구하는 인사 본래의 가치는 잠식당하기 쉽다. 앞으로는 점점 더 변화가 빨라질 것이다. 이런 상황에서 지식을 창조하는 인사를 유지해나가려면 어떻게 해야 할까?

인공지능×빅데이터가 그 해답을 제공해줄 것이라 생각한다. 인공지능×빅데이터는 인사의 '연결하는 힘'을 세계화, 다양성, 속도가 중요해지는 현대에 다시 부활시켜줄 것이다. 이 책에서 본 것처럼 인공지능×빅데이터 기술로 사람들의 생각과 조직의 생각이 시공을 초월하여 집약되고 분석되어 암묵지와 개인의 능력으로 이루어지던 인사가 '최선의 답을 모르는 상황에서 개인과 집단이 서로 연결되어 올바른 해답을 찾아가는 부드럽고 포괄적인 프로세스와 풍토 만들기'라는 인사 본래의 역할로 되살아날 것이다.

다르게 표현하자면 인공지능×빅데이터는 지식 창조 프로세스의 SECI 모델(일본 지식경영 분야의 대가인 노나카 이쿠지로가 제안한 모델. 암묵지와 형식지라는 두 종류의 지식이 '공유화, 표출화, 연결화, 내면화'라는 네 가지 변환과정을 거쳐 한 개인의 지식에서 사회적 지식으로 변환되고 확산된다는 이론)을 고속 회전시키는 도구다. 조금 더 자세히 말하면 소수의 우수한 인사 담당자나 인사부장의 암묵지 수준이던 노하우를 보다 많은 인사 담당자에게 개방하는 수단이다. 경험으로만 구성된 좁은 세계에 갇히기 쉬운 '사람을 보는 눈'이 더 커져서 공감 능력도 좋아질 것이다. 아날로그와 디지털의 융합이 이루어질 것이다.

개개인의 행동이 전체에 영향을 끼치면서 새롭게 질서가 형성된 조직의 인적 자원의 근원에는 '프로세스를 연결하는 힘'이 있어야 한다. 인공지능×빅데이터 기술을 활용하는 인사가 이루어지면서 현장에서 직접 배우는 힘, 비전과 현실을 고려하는 판단력, 대화와 협력으로 함께 만든 능력이 부활한다. 이처럼 지식을 종합하여 기존의 전략에 얽매이지 않고 새로운 전략을 만들어나갈 힘이 있는 인재를 육성하고 그들이 만들어내는 새로운 장을 관리하는 전문가로서의 '지식창조 인사부'가 재구축될 것이다.

첨단적인 지식창조 인사의 모습을 구축하는 도전은 구글에서 이미 시작되었다. 『구글의 아침은 자유가 시작된다』에서 소개한 것처럼 과학적인 인사는 최고의 두뇌를 확보하고 활성화시켜 최고의 업무를 수행한다. 이것이 인사의 묘미이며 이를 향한 도전을 인공지능×빅데이터가 도와줄 것이다. 그리고 지식창조기업을 위한 지식창조 인사부의 새로운 모습을 실현할 것이다.

물론 최종적인 인사부의 판단이 필요하다. 컴퓨터는 사람을 아끼고 사랑하지 않으며 책임도 지지 않는다. 인사 담당자, 현장 관리자, 기업의 리더에게는 조직을 맡고 문화를 만드는 책임감과 사원을 사랑하는 마음이 있어야 한다. 그래야 더 좋은 형태로 인공지능×빅데이터 기술을 활용할 수 있고 사람들에게 사랑받는 조직과 인사를 할 수 있다. 인간다움을 잃지 않는 조직을 만들어 보다 지적·혁신적이 되고 지속가능한 성장을 이루어내는 세상을 만들 수 있다.

이 책은 나와 다른 경력을 가졌지만 미래의 혁신을 일으킬 인재를 육성해야 한다는 같은 문제의식에 공감하여 의기투합한 IGS사의 후쿠하라 마사히로 사장과 함께 만들었다. 차세대 젊은이들, 아이들에 대한 기대와 GROW 개발에 리더십을 발휘하는 그의 뜨거운 열정 덕분에 책이 나올 수 있었다. 그리고 인공지능×빅데이터에 대해서는 와세다대학 어드밴스드 멀티코어 프로세서 연구소의 야마시타 세키야 연구원에게 많은 도움을 받았다. 이 자리를 빌려 감사의 말을 전한다.

도쿠오카 고이치로

4차산업혁명
인공지능
빅데이터

초판 1쇄 인쇄 2016년 11월 22일
초판 1쇄 발행 2016년 11월 29일

지은이 후쿠하라 마사히로 외
옮긴이 이현욱

발행인 장상진
발행처 (주)경향비피
등록번호 제 2012-000228호
등록일자 2012년 7월 2일

주소 서울시 영등포구 양평동 2가 37-1번지 동아프라임밸리 507-508호
전화 1644-5613 | **팩스** 02) 304-5613

ISBN 978-89-6952-142-2 03320